THEONA BALAN

Descrierea CIP a Bibliotecii Naţionale a României
BALAN, THEONA
Femeia de succes / Theona Balan. - Bucureşti : Bookzone, 2021
ISBN 978-606-9700-99-0

159.9

Grafician copertă: **Maria Stoian**
Redactor: **Elena-Anca Coman**
Tehnoredactor: **Anca Marisac**

Editura Bookzone
Şoseaua Berceni nr. 104, sector 4, Bucureşti
Comenzi şi informaţii:
Telefon: +40 774 091.579; +40 770 584.429
E-mail: office@bookzone.ro
www.bookzone.ro

THEONA BALAN

Femeia de SUCCES

BOOKZONE
BUCUREŞTI, 2021

Dedicație

Dedicată ție, femeie frumoasă și puternică!

Am scris această carte pentru tine!

Deși aici sunt prezentate experiențele mele, ele reprezintă milioanele de femei care au aceeași cale ca a mea, ca a ta. Suntem de lăudat pentru curajul, lupta și călătoria continuă spre succes, bucurie și fericire. Împreună vom face o diferență majoră în această lume.

MULŢUMIRI

A publica o carte este asemănător cu a fi mamă pentru prima dată. La început, nu ştii bine cum va arăta bebeluşul sau dacă va plăcea tuturor. Cu câteva săptămâni înainte de ziua aşteptată, neliniştea, uneori panica şi incertitudinea cresc. Atunci când se apropie ziua, tensiunea se intensifică şi ai impresia că „bebeluşul" nu va apărea niciodată la timp.

Pe durata acestui proiect, am trecut prin toate aceste emoţii. Au fost momente când eram frustrată şi nesigură şi momente când emoţiile erau copleşitoare.

Faptul că această carte este acum o realitate se datorează sprijinului unor oameni minunaţi.

Mulţumesc, în primul rând, îngeraşului meu, David. Mulţumesc pentru că ai înţeles-o pe mami şi ai lăsat-o să scrie şi pentru toată dragostea şi bucuria pe care mi le oferi zi de zi. Sunt mândră că sunt mama ta.

Mulţumesc celei mai bune surioare şi prietene din lume, Florina, pentru că ai fost acolo de fiecare dată când am avut nevoie să vorbesc cu cineva.

Părinţilor, pentru că mi-au dat viaţă, pentru felul în care m-au crescut şi pentru sprijinul acordat, indiferent de deciziile pe care le-am luat.

Prietenului meu, Zuzu, care m-a susţinut cu entuziasm în munca mea şi pentru că mi-a făcut viaţa mai frumoasă şi mai uşoară pe toată durata acestui proiect.

Bunicuţei mele dragi, pentru înţelepciunea cu care m-a crescut şi pentru că, de fiecare dată, a avut o vorbă blândă şi înţeleaptă atunci când aveam mai mare nevoie de ea.

Mulţumesc mentorului, partenerului şi prietenului meu, Daniel Zarnescu, pentru că m-a făcut să cred în acest proiect şi mi-a ghidat paşii încă de la început cu înţelepciune şi răbdare şi pentru dedicarea cu care a lucrat împreună cu mine la acest proiect. Fără tine, această carte nu era astăzi tipărită!

Mulţumesc prietenului, mentorului şi partenerului meu, Marius Simion. Ai apărut în viaţa mea într-un moment critic şi m-ai făcut să văd din nou lumina. Îţi sunt profund recunoscătoare că mi-ai oferit cu atâta generozitate din cunoştinţele şi experienţele tale şi m-ai ajutat să mă dezvolt şi să îi pot ajuta şi pe ceilalţi.

Mulţumiri speciale scumpei Marina Oprea, pentru că nu m-a lăsat la greu și s-a oferit să mă ajute cu formatarea acestei cărţi. Datorită ei, cartea arată mai bine şi este mai uşor de parcurs.

Mulţumesc minunatelor mele prietene, Cristina Cojocariu şi Zoia Zarnescu, pentru că aţi avut răbdare să îmi citiţi cu atenţie cartea, pentru a modifica greşelile de conţinut şi pentru că mi-aţi dat încredere să merg mai departe.

Tuturor femeilor din comunitatea Femeia De Succes. Voi m-aţi inspirat, mi-aţi dat energia şi forţa de a scrie zilnic. Pentru voi s-a născut această carte. Sunteţi ca o familie pentru mine şi vă promit că împreună vom face lucruri minunate.

Mulţumesc tuturor persoanelor cu care am intrat în contact şi care au jucat un rol important în evoluţia mea şi pe care am uitat să le numesc.

CUM SĂ PROFIŢI DIN PLIN DE ACEASTĂ CARTE

Pe măsură ce citeşti, ia un pix sau un marker şi o agendă sau un caiet. Notează-ţi imediat ideile cele bune şi care te-ar putea ajuta. Poţi citi cartea în întregime şi poţi completa paşii de acţiune mai târziu sau, dacă preferi, poţi completa un capitol şi paşii de acţiune în acelaşi timp.

Foloseşte cartea ca resursă permanentă care să te ghideze în săptămânile, lunile şi anii următori.

Iată şi un alt truc. Gândeşte-te să te întâlneşti cu prietenele care sunt interesate de propria dezvoltare. Citiţi câte un capitol şi apoi întâlniţi-vă la o cafea pentru a discuta ceea ce citiţi. Poţi fi sigură că discuţia va fi interesantă şi foarte utilă.

Nu uita că este foarte important în evoluţia ta cum, cu cine îţi petreci timpul şi cu ce îţi ocupi gândurile!

INTRODUCERE

Am trăit și fericirea, și durerea.
Am cunoscut viața în toate ipostazele sale,
în deșertăciunea și superficialitatea ei, în
frumusețea și dulceața ei.

Elizabeth (Payson) Prentiss – ***Paşi spre cer***

Scrisul este terapeutic pentru mine, deci, aşternând pe hârtie, am pus sigiliu câtorva răni adânci din inima mea.

M-am născut acum 26 de ani într-un orăşel din provincie. Am avut o copilărie şi o adolescenţă frumoase. Am fost foarte răsfăţată de toată lumea şi credeam că totul mi se cuvine, fără să depun un efort prea mare. Dar viaţa avea să îmi dea nişte lecţii mai târziu, nişte palme usturătoare, palme pentru care acum mulţumesc fiindcă le consider cele mai de preţ cadouri, care m-au ajutat să cresc într-un timp foarte scurt şi să ajung să scriu astăzi această carte.

CUM A ÎNCEPUT TOTUL

Mi-am luat zborul din sânul familiei la 18 ani, când am venit în Bucureşti, la facultate. Îmi amintesc şi acum cu câtă nerăbdare şi nelinişte aşteptam să-mi iau viaţa în propriile mâini. Câte visuri şi planuri aveam. Mereu am fost o optimistă şi o visătoare. Şi asta m-a ajutat să trec peste toate cu zâmbetul pe buze, chiar şi atunci când lucrurile nu erau aşa roz precum aş fi sperat. Am trăit în câţiva ani cât alţii în 20 şi am avut multe suişuri şi coborâşuri. Am crezut că le ştiu pe toate, m-am grăbit să experimentez cât mai multe.

Am iubit, am trăit intens, m-am lăsat dusă de val şi m-am îndrăgostit, m-am grăbit către altar, crezând că el este cel cu care vreau să îmi petrec tot restul vieţii şi că apogeul fericirii mele îl reprezintă CĂSĂTORIA şi FAMILIA.

Am devenit mama unui băieţel, care este comoara mea cea mai de preţ, apoi am trăit multe dezamăgiri într-un timp foarte scurt, dezamăgiri care s-au împletit cu toate neliniştile şi fricile maternităţii. Totul a fost accentuat de naştere, depresia postnatală şi toate schimbările ce au venit odată cu noile roluri de mamă şi de soţie.

Am trecut prin toate acestea fără să am alături dragostea, sprijinul sau măcar prezenţa celui căruia îi dăruisem două daruri nepreţuite: inima mea şi un îngeraş de băieţel. Am plâns, m-am frământat, m-am învinovăţit, am regretat, am trăit o adevărată dramă şi am ajuns pe marginea prăpastiei.

Îmi doream să mă simt din nou femeie, să fiu din nou admirată, să nu fiu doar mamă şi atât. Îmi doream să am din nou viaţă socială, să intru în contact cu oamenii, să fiu la curent cu tot ce se întâmplă, să evoluez, să învăţ şi să mă dezvolt la fel cum o făceam înainte.

Nu îmi doream decât să mă trezesc din acest coşmar pe care îl trăiam și să îmi schimb viața.

Eu ştiam în adâncul sufletului meu că nu mă născusem pentru a duce o astfel de viață.

Trebuia să mai existe o şansă pentru fericirea mea.

NOAPTEA CARE MI-A SCHIMBAT CURSUL VIEŢII

Voiam să îmi schimb viața, voiam să o iau pe un alt drum, dar îmi era foarte teamă. Nu aveam încredere în mine deloc. Aveam tot felul de gânduri și de temeri:

* Ce va spune lumea despre faptul că am divorțat?
* Cum mă voi descurca singură cu un copil, în condițiile în care nu mai aveam niciun venit?
* Dacă voi rămâne singură toată viața?
* Voi avea timp şi de mine, şi de David?
* Dacă nu sunt suficient de bună pentru a reuşi?

Şi totuşi... simţeam că am ajuns la capătul puterilor, că sufletul meu nu mai suportă atâta suferință, atâtea frustrări și dezamăgiri.

Era trecut de ora 12 şi stăteam din nou singură, plângând în livingul mare după ce David, băiețelul meu de nici un an, adormise. Simţeam că am ajuns la capătul puterilor, că sufletul meu nu mai îndura atâta suferință și că eram pe marginea prăpastiei.

Când ajungi într-o astfel de situație, nu există decât două opțiuni: ori sari, ori te întorci la 180 de grade şi fugi cu toată viteza.

Când ajungi pe marginea prăpastiei şi nu mai ai nimic de pierdut, nu îţi rămâne decât să porneşti la atac cu toată încrederea.

Niciodată nu știi cât de puternice ești până când să fii puternic rămâne singura opțiune pe care o mai ai.

Roggie Bush

După luni de frământări, de căutări de soluţii şi caiete întregi scrise cu visuri şi planuri, m-am hotărât!

În acea noapte am hotărât să o iau de la capăt pe un alt drum, pentru că meritam o nouă şansă la viaţă, meritam mai mult pentru mine şi pentru copilul meu.

Mi-am dat seama că, pentru a-mi schimba viaţa, trebuie să renunţ la tot ce îmi face rău, la tot ce nu e în concordanţă cu mine şi cu principiile mele, să las în urmă tot ce nu rezonează cu inima şi cu dorinţele mele.

Zis şi făcut!

Deşi eram singură, cu un copil de un an, am plecat de acasă şi am luat-o de la zero. Am schimbat oraşul, am schimbat jobul, am renunţat la tot pentru o viaţă nouă. Consider că aceasta este una dintre deciziile cele mai bune pe care le-am luat. Am avut curajul să înfrunt „gura lumii", familia, societatea şi pe orice binevoitor care îmi spunea că e mai bine să mă sacrific pentru copil.

Este oare, într-adevăr, un sacrificiu să trăiască într-o familie în care părinţii se ceartă mereu? Cu o mamă tristă şi neîmplinită?

În aceste condiţii, copilul se poate oare dezvolta armonios? Pot eu să fiu un model de viaţă pentru el? Cu siguranţă, nu!

Acum doi ani şi jumătate, mă aflam pe marginea prăpastiei, proaspăt divorţată, mamă a unui copil de un an. Astăzi sunt o femeie împlinită şi o mamă mândră a unui copil de trei ani şi jumătate. Acum lucrez în fiecare zi cu pasiune, sunt propriul meu şef şi sunt independentă financiar. Pot să lucrez la fel de bine şi de acasă, şi dintr-o cafenea din oraşul meu, dar şi de pe o plajă din Tenerife. Nu mă mai constrânge nimeni şi nimic şi consider că acesta este cel mai mare câştig al meu: LIBERTATEA.

Această carte include procesele şi planurile de acţiune pe care le-am folosit după separare şi divorţ pentru a mă ţine pe linia de plutire şi, mai apoi, pentru o viaţă de succes, la care nu mai speram atunci când eram pe marginea prăpastiei.

Chiar dacă la început a trebuit să sap adânc după soluţii, chiar dacă m-am zbătut şi am suferit, după luni de chin în care îmi venea să zac în pat cu un butoi de îngheţată în mână, am găsit ieşirea şi, nu numai că am găsit luminiţa, ci mi-am găsit şi „steaua norocoasă", care m-a ajutat să trăiesc viaţa frumoasă pe care o am astăzi.

În această carte sunt poveştile şi experienţele unei femei, ca şi tine, care s-a lovit de toate problemele şi situaţiile prin care poate trece o femeie.

Această carte îţi va fi de foarte mare folos dacă eşti o adolescentă la început de drum, în căutarea unui sens în viaţă.

Dacă eşti o tânără în căutarea lui Făt-Frumos, care îşi plănuieşte nunta şi se pregăteşte pentru căsătorie, şi dacă ai trecut prin experienţele unui divorţ, iar acum duci singură greutăţile vieţii cu un copil sau poate cu mai mulţi. Ai trecut printr-o despărţire? Vei găsi aici toate instrumentele necesare pentru a-ţi recăpăta energia, pentru a te simți din nou sănătoasă, în centrul atenției și chiar optimistă.

Pe parcursul divorțului și după divorț, mi-am pus întrebările pe care ți le-ai pus și tu.

* Cum să cresc un copil sănătos, fericit și bine integrat în societate?
* Cum pot avea mai mult echilibru și timp pentru femeia din mine?
* Cum să fiu propriul meu șef, să elimin stresul financiar și să simt că îmi descopăr vocația și cum să îmi împlinesc misiunea cu care am venit pe acest pământ?
* Cum să mă vindec și să mă deschid pentru o nouă dragoste?
* Cum să devin suficient de încrezătoare pentru a-mi realiza visurile?

Poate că și tu te-ai luptat cu aceste provocări pe care le are de înfruntat fiecare femeie, fiecare mamă, fiecare soție. Poate că te-ai simțit sau te simți chiar acum neajutorată, copleșită sau chiar deprimată, fără ajutor, să te ocupi de toate, să plătești facturile și să apuci să dormi, să echilibrezi viața personală cu cea socială. Eu am trecut prin toate aceste experiențe și am învățat niște lecții valoroase din ele.

Scriu această carte pentru că vreau să te ajut să trăiești viața pe care o meriți și pentru că nu vreau să treci prin toate experiențele dureroase prin care am trecut eu pentru a ajunge să trăiești viața pe care ți-o dorești. Vreau ca tu să înveți din povestea mea, tu și cât mai multe femei.

Împreună pentru o lume a femeii mai bună!

Acum ești aproape de momentul magic, momentul în care vei dobândi succesul personal, profesional și fericirea la care ai visat!

Hai să zburăm împreună pe cele mai înalte culmi ale succesului!

CAPITOLUL I

ADOLESCENŢA, VÂRSTA DINTRE CER ŞI PĂMÂNT

DULCELE RĂSFĂȚ AL COPILĂRIEI — SUFERINȚA DE MAI TÂRZIU

Nu trebuie să suferi pentru a fi poet; adolescența este suficientă pentru oricine.

John Ciardi

De când am venit pe această lume, am fost un copil alintat și supraprotejat de ai mei. Când eram micuță, țin minte că aveam jucării care la noi în țară nu se găseau încă. Tata făcea des vizite la vecinii noștri de peste Prut și îmi aducea ce nici nu puteam să visez. Pentru că pe atunci nu vedeam nici măcar în reclame.

Tentațiile erau foarte puține pe vremea aceea. Acum, că sunt și eu mamă, mă gândesc că ar fi minunat să nu mai plângă David după toate minunățiile care apar.

Astăzi există tentații la tot pasul: în magazine, în supermaketuri, la chioșcul de ziare, la televizor, pe internet și, bineînțeles, la ceilalți copii.

Când eram prin clasa a III-a, a IV-a, țin minte că și-au pus ai mei cablu și atunci am descoperit Cartoon Network. Eram cu totul fascinată de jucăriile din reclame. Îmi doream atât de mult o căsuță pentru păpuși și o păpușă Barbie originală (să i se îndoaie mâinile și picioarele).

O băteam pe mama la cap în fiecare zi să îmi cumpere și mie. Săraca, știu că încerca să îmi explice că nu se găsesc la noi, dar eu continuam să insist.

Apoi, le ceream lui Moş Crăciun şi lui Moş Nicolae şi îi spuneam mamei cu lacrimi în ochi că am fost cuminte şi că ei vor găsi şi îmi vor aduce cadoul mult visat. Au depus ai mei eforturi foarte mari ca să facă rost de palatul păpuşii Barbie şi de păpuşa originală. A găsit-o la Bucureşti un prieten de familie şi au strâns bani câteva luni ca să-mi facă acest moft.

Mai târziu, după ce am scăpat de obsesia pentru jucării şi păpuşi, ca orice fată, îmi doream haine şi încălţăminte. Ultimul model de blugi, erau la modă blugii Lotus, adidaşi cu platformă, geacă de blugi, pantaloni din spandex, bluziţe şi rochiţe colorate.

Am fost un copil foarte încăpăţânat şi îmi amintesc cât de înverşunată eram când îmi doream ceva foarte mult.

Ai mei nu au fost niciodată nişte oameni înstăriţi. Amândoi bugetari cu salarii medii, însă au renunţat la ei şi au făcut mereu eforturi să ne îndeplinească toate poftele mie şi surioarei mele.

Mai târziu, am fost răsfăţată de admiratorii mei, care veneau cu fel de fel de cadouri şi surprize ca să mă impresioneze.

Am crescut astfel cu impresia că totul mi se cuvine, că nu e nevoie decât să îmi spun dorinţele şi ele se vor împlini. Am găsit de fiecare dată metodele necesare pentru a-i face pe ceilalţi să îmi ofere ceea ce eu credeam că merit.

Când eram mai mică, mă foloseam de bătăile din picior şi de plânsete şi rugăminţi, apoi, când am mai crescut, mă foloseam de armele feminine, de pisiceli şi vorbe frumoase.

Funcţionau de fiecare dată.

Am crezut că e firesc să-mi fie bine, să fiu înconjurată de atenţie, care să se reverse toată asupra mea.

Că binele din jurul meu e musai să persiste, în ciuda a ceea ce fac, spun sau gândesc, în ciuda alegerilor pe care sunt nevoită să le fac la un moment dat.

Iar dacă lucrurile încep să se schimbe şi să nu mai primesc tot ce vreau, cineva e musai să fie de vină pentru asta.

Că totul mi se cuvine de la sine, doar aşa, pentru că exist.

Că mi se cuvine de la sine, chiar dacă uit să mulţumesc, să fiu recunoscătoare pentru asta. Şi că viaţa pe pământ e aşa, ca şi cum aş întinde mâna, aş apuca un fruct, apoi îl mănânc, arunc resturile, după care o iau de la capăt...

Însă viaţa mi-a dat nişte lecţii pentru a mă face să înţeleg că nu totul se obţine cu o bătaie din picior sau o clipire de gene.

Am primit nişte palme; de fapt, acum le privesc ca pe nişte lecţii foarte valoroase, nişte cadouri pe care viaţa mi le-a oferit ca să mă responsabilizez şi să conştientizez că viaţa pe pământ nu-i aşa, doar „pică pară mălăiaţă în gura lui Nătăfleaţă”, e o luptă... Trebuie să fii conştient, treaz, responsabil. Să ştii să mulţumeşti, să fii recunoscător!!!

Am găsit o poezie care mi se pare că ilustrează foarte bine ceea ce am trăit eu şi, probabil, se vor regăsi mulţi în ea:

Credeam că totul mi se cuvine...

De la floarea gingaşă
Pe care o smulg nemilos
Din pământul care-i dă viaţă,
Până la măreţia muntelui
Pe care am impresia că am cucerit-o
Doar pentru că m-am căţărat pe creasta lui...

De la pământul sacru

Pe care calc alături de semenii mei

Cu îngâmfarea conchistadorului,

Până la apa mării

În care mă scald neobrăzat

Întinând-o cu duhoarea corpului meu...

Credeam că totul e pentru mine

Că toate sunt la picioarele mele

Că m-am născut ca să le am...

În loc să sărut tălpile cerului

Că mi-a dat viață,

Că m-a lăsat să gust

Din minunile naturii,

Să respir aerul puternic al munților,

Să mă las învăluit

De îmbrățișarea tandră a apelor,

Eu nu fac altceva decât

Să cred că totul mi se cuvine,

Că sunt stăpân pe aceste minuni

Pe care încerc să le subjug

Cu aroganța-mi nejustificată

A omului superior...

„**Iluzia omului superior**” – Marius Cioarec

SUPRAPROTECȚIA PĂRINȚILOR POATE NAȘTE INADAPTAȚI SOCIAL

Supraprotecția parentală se traduce prin inconsistența părinților în stabilirea unor limite adecvate fiecărei vârste pentru copiii lor. Cu toții ne dorim ceea ce este mai bine și mai bun pentru copiii noștri, însă este necesar, atât pentru părinți, cât și pentru copii, să învățăm să le lăsăm spațiu personal de reacție.

De aceea, încă există bărbați virgini la 20 de ani, pentru că mamele i-au ținut în casă până la vârste înaintate și acești tineri nu știu să socializeze sau cum e să faci parte dintr-un grup social.

De aceea, încă există adolescente care ajung la facultate și nu știu să își pregătească un ou, nu știu să facă piața, nu știu să își facă curățenie în cameră și, cu atât mai puțin, să aibă grijă de propriile finanțe.

Mama mea nu mă lăsa să stau prea mult în fața blocului pentru că era „prea periculos." Norocul meu a fost că în vacanțe mergeam la bunici, care stăteau la casă și care mă lăsau de dimineața până seara pe stradă. Acolo am avut parte de mai mult decât microbi. Bătăi cu alți copii, cicatrici de la căzături și cățărări prin copaci și pe șantierele caselor în construcții și mers la furat de fructe din grădinile vecinilor.

Da, eram tare băiețoasă și mă băgam în orice joc și provocare. Așa am fost mereu! Mi-a plăcut să încerc de toate și asta m-a ajutat. Am învățat multe.

Acest comportament din partea mamelor supraprotectoare distruge personalitatea tinerilor care sunt victime ale acestei „iubiri" și le creează mari probleme de adaptare când sunt nevoiți să își construiască o existență.

Supraprotecția parentală apare atunci când părinții rezolvă problemele copiilor lor fără a le da șansa să și le rezolve singuri. Supraprotecția parentală apare atunci când îi permitem copilului să se eschiveze de la rezolvarea unor situații dificile, pentru a nu trăi un disconfort. Supraprotecția apare atunci când le este impus copiilor un control exagerat sau o ordine exagerată.

Din cauza supraprotecției, nu am știut să îmi administrez banii pe care îi primeam lunar de la părinți, apoi aveam aceeași problemă cu salariul. De ce? Pentru că nu am fost învățată să prețuiesc banii, nu am fost obișnuită cum e să nu ai bani să îți cumperi pantofii pe care îi vezi în vitrină.

Când eram la facultate, nici nu păstram bani pentru mâncare! Nu știam că mâncarea trebuie pusă pe lista de cheltuieli, pentru că eu o găseam mereu în frigider, nu știam cât de greu se face, cu ce bani se cumpără.

Chiar și la facultate, atunci când rămâneam fără bani de mâncare, avea mami grijă să îi trimită copilului genți mari de mâncare și ceva bănuți. Să nu moară copilul de foame. Nu a știut să mă lase să rabd de foame dacă nu am știut să am grijă de bani.

La educație financiară eram zero. Vei vedea mai târziu, în această carte, cum m-a afectat acest lucru și care au fost consecințele supraprotecției părinților.

ADOLESCENȚA — VÂRSTA DINTRE CER ȘI PĂMÂNT

Mi-e dor de acel loc paradiziac al adolescenței mele, de aleile mărginite de castanii înfloriți, de verdele ierbii peste care alerga soarele, de teii rotați ce iluminau crângul cu lacul din mijloc, unde mă pierdeam adesea cu ochii, fără gânduri, fără temeri, fără tristețe.

Ecaterina Chifu

Adolescența a fost considerată vârsta de aur, a marilor realizări, vârsta marilor elanuri, a integrării sociale, vârsta participării la progresul social, dar și vârsta ingrată, a crizelor, anxietății, nesiguranței, insatisfacției, contestației, marginalității, vârsta dramelor etc.

ÎN CĂUTAREA PROPRIULUI EU

Cum eram eu în adolescență?

Un copil cu pretenții de adult și într-o permanentă căutare de senzații și de emoții puternice.

Încercam mereu să depășesc limitele pe care părinții mi le impuneau, adeseori tocmai din dorința de a nu mă supune lor, căci iubeam ideea de a trăi cât mai diferit și mai presus decât ceilalți.

Îmi doream să fiu LIBERĂ!

Mereu mi-a plăcut ideea de libertate şi am fugit de tot ce mă îngrădeşte şi încearcă să îmi impună limite. Din această cauză, am fost considerată un copil rebel, încăpăţânat şi greu de stăpânit.

Mereu am considerat că experienţa proprie este dovada cea mai puternică şi mai convingătoare, care ţine loc de întrebările fără răspuns la care adulţii, în general, nu se sinchisesc să caute soluţii. Voiam să testez eu cât mai multe şi, în acest fel, să îmi răspund singură la întrebări.

Simţeam adesea şi dorinţa de a mă retrage în mine, ca la semnalul unei voci interioare mai presus de voinţă.

Aceste momente, când mă retrăgeam în mine, erau chiar mai intense decât escapadele dese cu prietenii sau cu iubitul. De ce? Pentru că presupunea lupta între diferitele emoţii ce mă încercau, momente de răscruce în conturarea modului de a gândi şi de a acţiona.

Cu tata nu am putut niciodată să vorbesc probleme de suflet, iar mama, de multe ori, cu problemele şi preocupările ei, era lipsită de răbdare. Când eram mai micuţă, mama era confidenta mea, dar, dintr-odată, mi s-a părut că îi va fi greu să mă asculte şi, cu atât mai mult, să mă înţeleagă.

Iar atunci când încercam să discut cu părinţii, ajungeam de fiecare dată la nişte confruntări de opinii, după care mă închideam la mine în cameră şi aveam impresia că nimeni nu mă înţelege.

În acea perioadă, părinţii încetaseră să mai fie modelele mele ideale din copilărie. Toată atenţia şi afectivitatea mea s-au îndreptat atunci spre prietenii mei.

Ţin minte foarte bine că relaţiile cu aceştia erau foarte intense şi profunde. Simpatia şi admiraţia căpătau forme şi trăsături asemănătoare cu ale dragostei, sentiment foarte stimulator pentru adolescenţi, căci el presupune dăruire, apropiere şi împărtăşire a dorinţelor, a visurilor.

Prietenii adevăraţi sunt condiţia necesară „împlinirii" unui adolescent. Scopul era să ne împărtăşim unul altuia experienţele şi să găsim un echilibru permanent. Toţi prietenii în care aveam încredere şi speranţă că voi găsi răspunsul la întrebările care mă frământau.

Mă bazam pe prieteni ca să îmi ofere soluţii la problemele şi frământările pe care le aveam. Nu ştiu de ce aveam impresia că ei deţineau adevărul absolut, la care eu încă nu ajunsesem.

Ei mă înţelegeau, îmi ştiau viaţa, îmi ştiau neliniştile, nemulţumirile, dramele, momentele de fericire. Atunci, parcă, nu aveam încredere să îmi ascult inima, să mă încred în ceea ce simţeam şi gândeam. Aşa că mă duceam la ei.

Şi ei erau foarte dornici să îmi dea sfaturi, să îşi spună părerea şi să mă împingă să aleg acele opţiuni pe care le găseau.

De cele mai multe ori, ele nu coincideau cu ceea ce eu îmi doream în realitate, dar, ca să fiu o prietenă adevărată şi pentru că îmi era teamă să nu fiu mai puţin cool decât ei sau să rămân în urmă din cauză că nu făceam ceea ce trebuia, mergeam aproape de fiecare dată pe mâna lor.

Mare greşeală!!!

Abia mult mai târziu am înţeles cât este de important să îţi asculţi inima, să ai încredere în propriile instincte, să faci ceea ce crezi tu că e mai bine pentru tine, pentru că numai tu ştii ce anume ţi se potriveşte şi ceea ce îţi doreşti cu adevărat.

E viaţa ta, şi nu a prietenilor tăi. E viaţa ta şi trebuie să o trăieşti aşa cum simţi, aşa cum îţi dictează inima.

Chiar dacă greşeşti, măcar nu ai regrete că ai greşit din vina altcuiva. Şi, până la urmă, nici nu există greşeală. Există doar nişte lecţii, cadouri pe care viaţa ţi le oferă şi de care tu trebuie să te bucuri.

CÂND INIMA ÎŢI SPUNE CEVA ŞI SOCIETATEA ÎŢI IMPUNE ALTCEVA

Toţi oamenii la adolescenţă ştiu care este legenda lor personală. În acest moment al vieţii, totul este limpede, totul este posibil şi oamenii nu se tem să viseze şi să dorească ce le-ar plăcea să facă. Cu toate acestea, pe masură ce timpul trece, o forţă misterioasă încearcă încet, încet să dovedească faptul că legenda personală este imposibil de realizat. Sufletul lumii se hrăneşte cu fericirea oamenilor sau cu nefericirea, cu invidia, cu gelozia. Împlinirea legendei personale este singura îndatorire a oamenilor.

Paulo Coelho

Îmi amintesc că adolescenţa este perioada când trebuia să fac faţă cerinţelor societăţii, dar mă simţeam, de multe ori, neputincioasă în faţa unor astfel de cerinţe. De asemenea, erau multe contradicţii şi între ceea ce aşteptam eu pe atunci de la viaţă şi ce mi s-a oferit în schimb.

Îmi doream încă din liceu să dau la facultatea de psihologie, ştiam încă de atunci că asta e chemarea mea.

În liceu m-am îndrăgostit de psihologie şi eram hotărâtă să urmez această facultate, deşi eram la o clasă de matematică-informatică.

Tot atunci am început să citesc tot felul de cărţi şi de articole de dezvoltare personală. Aşa că mă pasiona din ce în ce mai mult acest domeniu. Însă toată lumea care mă auzea că vreau să dau la facultatea de psihologie îmi spunea că nu am niciun viitor şi că e păcat să nu dau la o facultate „mai bună" eu, care făcusem atâta matematică şi informatică.

Părinţii nu au fost nici ei de acord cu această alegere, ba chiar auzeam tot felul de idei că toţi psihologii şi psihiatrii ajung într-un final nebuni şi muritori de foame.

Aşa că am urmat **„turma"** şi am făcut ASE-ul. Nu m-a atras absolut deloc această facultate, pur şi simplu nu mă regăseam deloc în ceea făceam la facultate. Drept urmare, am avut nişte rezultate medii, dar, mai mult decât atât, nu învăţam nimic cu plăcere.

Acela a fost unul dintre primele momente în care mi-a părut foarte rău că nu mi-am ascultat inima, că nu mi-am ascultat instinctul şi că am făcut aşa cum mi-au impus cei din jur.

M-am angajat în domeniu, dar, la fel, mergeam la serviciu fără niciun pic de entuziasm. Şi, în tot acest timp, tot încercam să îmi găsesc un job pe care să îl fac cu plăcere. Este important să fii pasionat de ceea ce faci pentru că, altfel, nu poţi deveni foarte bun în ceea ce faci.

Vreau să îţi aminteşti şi tu ce anume îţi doreai să devii când erai mică. Vei descoperi astfel care erau pasiunile tale înainte ca familia, societatea şi mass-media să îşi pună serios amprenta asupra ta și să te facă să îţi doreşti ceva pentru că e la modă sau pentru că aduce bani sau că aşa te-a sfătuit X sau Y. NU.

Nu există niciun motiv pentru care să nu-ți urmezi inima. Timpul tău este limitat,așa că nu îl pierde trăind viața altcuiva. Nu lăsa zgomotul opiniilor altora să îți înăbușe vocea interioară.

Steve Jobs

Ascultă-ţi **vocea interioară**, ascultă-ţi **intuiţia**, care, cu siguranţă, ţi-a dat de multe ori semnale, dar pe care le-ai ignorat. Urmează-ţi visul şi fă ceea ce ţi-ai dorit. Secretul pentru a face performanţă îl reprezintă pasiunea şi dăruirea. Bineînţeles, şi multă muncă şi perseverenţă. Dar, făcută cu pasiune, munca devine mai uşoară.

PRIMA IUBIRE — O IUBIRE CE NU SE UITĂ NICIODATĂ

În toate poveștile de dragoste există întotdeauna ceva care ne apropie de eternitate și de esența vieții, pentru că poveștile de dragoste conțin toate tainele lumii.

Paulo Coelho, *La râul Piedra am şezut şi-am plâns*

Îmi amintesc cu emoţie primele întâlniri, primul sărut, fiorii care mă treceau înainte de fiecare întâlnire.

Am făcut cunoştinţă cu prima mea dragoste undeva la începutul liceului, chiar în clasa a 9-a. Am trăit momente extraordinare şi am iubit cum nu ştiu dacă voi mai fi capabilă să iubesc.

Nu ştiu dacă se compară ceva cu prima iubire, cu puritatea sentimentelor din adolescenţă; atunci când iubeşti cu toată puterea fiinţei tale, sincer şi dezinteresat, fără teama de a fi dezamăgit, fără măcar să te gândeşti că o poveste de dragoste aşa de intensă şi frumoasă s-ar putea termina vreodată.

Îmi amintesc atât de bine primul sărut... până şi invazia de fluturaşi din stomac mi-o amintesc foarte clar. Eram doi copii care făceau cunoştinţă cu unul dintre cele mai frumoase sentimente pe care viaţa ni le-a oferit în dar: **IUBIREA.**

Îmi amintesc cum fiecare clipă fără el mi se părea o veşnicie, deşi petreceam toată ziua împreună. La liceu, după liceu, în weekend, în vacanţe.

Îmi amintesc foarte bine emoţia şi nerăbdarea ce mă cuprindeau înainte de fiecare întâlnire cu el şi cum petreceam ore la oglindă înainte de fiecare „mare întâlnire."

Voiam să fiu cea mai frumoasă, pentru el. Şi chiar mă simţeam o zeiţă de fiecare dată când eram cu el. Toate complimentele şi vorbele frumoase, toate mângâierile şi săruturile mă transformau şi mă făceau să mă simt cea mai norocoasă femeie de pe pământ.

El era perfect pentru mine, cu toate stângăciile lui, cu toate temerile şi neliniştile pe care la rândul său le avea, era PERFECT!!!

Momentele petrecute cu el erau magice. Ca şi când timpul s-ar opri în loc şi lumea nu ar mai exista. Şi, chiar dacă exista, nu mai conta. Eram doar noi. Noi doi şi îmbrăţişările noastre.

Ne era greu să ne despărţim la lăsarea serii... eram stresată de acea oră de intrat în casă pe care mama mi-a impus-o până am plecat la facultate şi pe care, de cele mai multe ori, o încălcam.

Când ajungeam acasă, mama mă certa, mă ameninţa că nu mă va mai lăsa în oraş, că nu sunt în stare să mă ţin de promisiune, că sunt inconştientă, că nu e frumos, nici faţă de ei, nici faţă de vecini, să ajung după ora 22 acasă.

Dar mie nici nu îmi păsa... eram în lumea mea şi nu mă interesa că ea mă certa. Eram fericită şi atât.

Mulţi părinţi au cam aceeaşi reacţie când copiii lor ajung la vârsta adolescenţei şi simt primii fiori ai dragostei, păşesc în primele relaţii: sunt speriaţi. În loc să se apropie de copii, se îndepărtează tot mai mult de aceştia.

Este un lucru stupid din partea părinţilor de a-i interzice copilului să iubească. Doar e la vârsta adolescenţei, e un lucru firesc. În general, adolescentul îşi găseşte sprijinul în persoana iubită şi, de multe ori, aceasta devine confidentul perfect.

Îmi amintesc cum părinţii au devenit cei mai mari duşmani ai noştri atunci când din nu ştiu ce motiv ne-au interzis să ne mai vedem. Cum ne întâlneam pe furiş şi totul devenea şi mai palpitant. Cum ne simţeam mai uniţi şi mai îndrăgostiţi cu fiecare obstacol pe care îl întâlneam în calea iubirii noastre.

Îmi amintesc cum ne făceam planuri de viitor, când tot ce îmi doream pentru viitor îl includea şi pe el... şi invers. Când, orice avea, îşi dorea să împartă cu mine.

Nu cred că am mai întâlnit un sentiment mai pur, mai frumos și mai generos decât iubirea.

Era genul acela de iubire care îţi dă aripi, care te transformă, care te face să îţi dorești să devii mai bun, care te ajută să evoluezi și să îţi dorești totul pentru tine și pentru el.

Împreună am crescut, am evoluat, am învăţat unul de la altul, ne-am susţinut reciproc, ne-am ambiţionat. De la el am învăţat multe dintre lucrurile care contează cu adevărat. El m-a făcut să citesc cărţi de dezvoltare personală, el mi-a arătat că, dacă ai un vis și lupţi și muncești pentru el, se va îndeplini. El a știut să îmi fie și prieten, și iubit, și confident, model de viață, partener de distracţii, sprijin atunci când îmi era greu.

După părinţii mei, el este persoana căreia îi sunt recunoscătoare și acum și probabil nu voi reuși niciodată să îi mulțumesc pentru toate câte m-a învățat și cât m-a ajutat și pentru toate momentele frumoase pe care le-am trăit împreună.

Am trăit cea mai frumoasă poveste de dragoste. Am rămas cu cele mai frumoase amintiri. Şi, mai presus de asta, sunt norocoasă că ştiu cum ar trebui să fie o adevărată poveste de dragoste. Faptul că am cunoscut ce înseamnă IUBIREA mă face să ştiu că nu trebuie să mă mulţumesc cu nimic mai puţin decât atât.

PRIMUL MEU MENTOR ŞI LECŢIILE ÎNVĂŢATE DE LA EL

Acum, că mă gândesc retrospectiv, realizez că primul meu mentor a fost primul meu iubit. Cel cu care am fost împreună cinci ani. Era doar cu zece luni mai mare decât mine, însă nivelul lui de dezvoltare spirituală, emoţională şi intelectuală era clar mult mai ridicat decât al meu.

Mă consider foarte norocoasă că a făcut parte din viaţa mea atât timp şi abia acum îmi dau seama de toate lucrurile pe care le-am învăţat de la el.

Vocaţia ţi-o descoperi când eşti suficient de deschis, evoluat şi dezvoltat spiritual. Cum a încercat să mă ajute să îmi găsesc vocaţia?

Ne iubeam mult, eram de patru ani împreună şi veniserăm în Bucureşti la facultate. Nu ne mutaserăm oficial împreună, însă stăteam mai mult pe la el.

Recunosc că eram dependentă de afecţiune şi nu îmi plăcea să stau singură prea mult. Plus că, în afară de facultate şi ieşiri cu prietenii, nu prea aveam alte ocupaţii.

Mă dedicasem în totalitate lui. Şi asta a fost una dintre greşelile mele, greşeală pe care multe femei o fac. Se dedică partenerului şi relaţiei atât de mult, încât uită de ele. Uită că trebuie să se preocupe în permanență de evoluția lor, de pasiunile lor, de visurile lor. Că este important să ai activități separate de partener, că trebuie să te vadă că ești independentă și fericită cu viața ta, chiar și când el nu este lângă tine.

Pentru că stăteam la el, îl prindeam de multe ori în momentele în care el lucra intens la visul lui. Lucra ore în şir fără oprire. Şi eu mă plictiseam. Voiam atenție, voiam să ieşim, voiam să avem mai multe activități împreună.

Şi îl băteam la cap, îl stresam, mă bosumflam când îmi promitea ceva şi nu se putea ţine de promisiune pentru că nu termina ceea ce îşi propusese. Şi, uite aşa, aveam tot felul de discuţii aprinse pe această temă.

Când plecam în vacanță, ajunsesem să îi urăsc laptopul. Nu mai suportam să văd cum, când toate erau bune și frumoase, el își deschidea laptopul și se apuca de treabă. Nu mai vedea nimic în jur, nu mai auzea nimic, nu îl puteam corupe cu nimic.

Câteva dintre lecțiile pe care le-am învățat de la el:

- ✓ trebuie să îți descoperi pasiunea, vocația.
- ✓ trebuie să ai un VIS și apoi să lupți zi și noapte pentru visul tău.
- ✓ trebuie să îți cunoști prioritățile și să nu te abați din drumul tău, oricâte obstacole și tentații ai avea.
- ✓ trebuie să lucrezi cu pasiune la visul tău.
- ✓ trebuie să crezi cu tărie în visul tău.
- ✓ nu băga în seamă pe nimeni care îți spune că visul tău este nerealist și că nu vei reuși.
- ✓ fără muncă, dedicare și perseverență, nu ai cum să reușești, oricât de talentat ai fi.

- ✓ nu contează vârsta, condiția socială, regiunea în care te-ai născut, familia – atunci când îți dorești ceva cu adevărat și crezi cu adevărat în visul tău, se va împlini.
- ✓ trebuie să te educi în permanență, oricât de sus ai fi.
- ✓ m-a ajutat să descopăr magia cărților și mi-a insuflat pasiunea pentru citit și autoeducare.
- ✓ a încercat să mă ajute să îmi descopăr și eu pasiunea și să îl pot înțelege atunci când lucra zi și noapte pentru visul său.
- ✓ m-a învățat că oamenii de succes nu au concediu ca restul oamenilor și că cine își dorește cu adevărat să ajungă undeva departe trebuie să lucreze în fiecare zi măcar puțin, indiferent dacă este în concediu sau nu.
- ✓ importanța oamenilor de care ești înconjurat.
- ✓ cum să îți creezi o echipă cu care să lucrezi eficient și cu ajutorul căreia poți obține rezultate mult mai bune decât singur.
- ✓ cum să te porți cu asociații și cu ceilalți membri din echipă.
- ✓ cum trebuie să fii tu un exemplu pentru ceilalți membri din echipă, să faci tu mult mai mult decât le ceri celorlalți.
- ✓ cum să îți planifici sarcinile de zi cu zi, planul pe un an, pe cinci ani.
- ✓ cum să alternezi momentele de lucru intens cu momentele de distracție și de relaxare.
- ✓ cum să nu te lași influențat de regulile societății, de preconcepțiile oamenilor și ale sistemului de învățământ.

El învăţa încontinuu, era obsedat să afle cât mai multe, să asimileze cât mai multă informaţie din cât mai multe domenii. Voia să crească, să se dezvolte, să acumuleze, să îmbunătăţească tot ce ţinea de el şi asta în mod constant.

Legat de acest aspect am citit undeva că mantra lui Steve Jobs şi a echipei lui era „There has got to be a better way." Adică, există sigur o metodă de a face lucrurile mai bine.

Atitudinea asta cere disciplină şi îmbunătăţire continuă a standardului de gândire şi de execuţie.

M-a învăţat că este important să ai o viziune şi o puternică motivaţie interioară, care să realizeze acea viziune.

Fără îndoială că a avut şi el de înfruntat foarte multe obstacole. Dar vocea sa interioară puternică îi dădea puterea, ritmul şi direcţia de împlinire a visului său.

Avea o motivaţie puternică să se trezească dimineaţa cu energie, cu forţă, cu dinamism, cu ardoare să ducă lucrurile la bun sfârşit. Uneori, nu se oprea 24 de ore din lucru, dacă avea o lansare de făcut sau un proiect important.

Entuziasmul, nerăbdarea şi dorinţa sa de reuşită îl făceau să uite de foame, de sete, de somn şi de orice alte distracţii.

Avea o super claritate a modului în care îşi folosea timpul.

Datorită pasiunii pe care o avea pentru ceea ce avea de îndeplinit, îşi canaliza atenţia şi timpul cu foarte mare grijă. Orice altceva, orice lucru care l-ar fi putut distrage era scos cu grijă din programul său.

Ştia ce avea de făcut, ştia cât de important era pentru el să se menţină focusat pe ceea ce avea de realizat, aşa că rezista cu brio tentaţiilor din afară.

Avea şi el mulţi prieteni, primea multe telefoane, invitaţii în oraş, la piscină, la petreceri, în vacanţe, la masă, dar ştia să REFUZE elegant atunci când pe agenda sa era altceva programat.

Pentru că, da, avea o agendă foarte bine pusă la punct. Deşi, în general, nu era o persoană foarte organizată şi ordonată, când venea vorba despre visul său era cea mai organizată persoană pe care o cunoşteam. Ştia ce va face peste o săptămână, peste un an, peste cinci.

Câţi dintre noi ştim ce vom face peste cinci ani?

Câţi dintre oamenii de rând au o agendă?

Tu ştii exact ce vei face mâine pentru visul tău?

Dar peste un an?

Ştii unde vrei să ajungi?

Cum vei face ca să ajungi acolo?

Era dispus să eşueze, dar să continue să persevereze pentru visul său.

Doar dându-ne voie să greşim şi ridicându-ne după ce am căzut o să ne dezvoltăm muşchii care ne duc spre succes.

Sir Richard Branson are la activ o mulţime de falimente, Steve Jobs are o grămadă de experienţe negative – inclusiv excluderea din propria firmă. Google, de asemenea, are o mulţime de lansări de servicii şi de produse mai mult sau mai puţin reuşite. Ideea e să îmbunătăţeşti întotdeauna ceea ce creezi. Să te ridici de mai multe ori decât eşti doborât!

Este important ca în fiecare moment din viaţă să avem un mentor. Să ne căutăm o persoană care să ne ajute în evoluţia noastră. Şi acum am un mentor care îmi este model, mă inspiră, mă ghidează, mă ajută să trec mai uşor peste obstacole.

Dacă nu ai deja un mentor, mi-ar plăcea să fiu eu mentorul tău. De fapt, prin site-ul femeiadesucces.ro şi prin această carte, deja mă poţi considera mentorul tău.

PRIMA DRAMĂ DIN DRAGOSTE ŞI URMĂRILE EI

În adolescenţă, nu ai nevoie de boli sau moarte ca să trăieşti o tragedie.

Jessamyn West

Din păcate, după cinci ani minunaţi, această relaţie s-a terminat. Am trăit o adevărată dramă. Prima dragoste a adus şi prima dramă. Cele mai frumoase momente au adus după ele şi cele mai triste momente.

Dar a meritat fiecare lacrimă vărsată. Nu regret nimic, poate doar că aş fi putut să procedez altfel. Dar regretele chiar nu îşi au rostul... o vorbă din popor spune că „nu există iubire fără suferinţă." Cu cât este mai mare iubirea, cu atât este mai mare şi suferinţa.

După această despărţire a urmat o perioadă extrem de grea pentru mine, în care am plâns mult şi am slăbit. Am căutat să îl înlocuiesc, să găsesc pe cineva care să mă facă să îl uit, care să semene cât mai mult cu el şi să mă facă să trăiesc alte momente măcar la fel de frumoase. **Asta cred că e o altă mare greşeală.**

Fiecare persoană trebuie apreciată şi iubită pentru ceea ce este ea şi pentru calităţile pe care le are, nu pentru ce ţi-ai dori tu să fie. Fiecare este unic şi, pentru a putea iubi cu adevărat, trebuie mai întâi să dai uitării ce a fost înainte şi să fii împăcată cu tine.

Singurătatea... Era o vreme când fugeam cât puteam eu de mult de acest sentiment! Mi-era frică să îmi aud respiraţia şi gândurile, să nu am cui să împărtăşesc trăirile, tristeţea, zâmbetele şi dorinţele cele mai ascunse.

Cei patru pereţi mă apăsau şi apăsarea mă durea. Simţeam singurătatea ca pe o încleştare, ca pe o menghină care îmi strângea sufletul, şi-aşa suferind şi plâns.

Îmi era dor de el... îmi era dor de noi şi îmi era frică să stau singură, pentru că durerea mă sfâşia şi gândurile mă înnebuneau.

De ce simţim mereu nevoia de a fi conectaţi cu ceilalţi, de a căuta mereu să ne angajăm într-o relaţie, să fim cu cineva, fie că este vorba despre prieteni, familie sau chiar necunoscuţi?

În acea perioadă simţeam o nevoie acută de a mă refugia printre prieteni, care trebuiau să mă ţină ocupată cu tot felul de activităţi.

VIAŢA DE NOAPTE

Am început să suplinesc lipsa lui prin ieşiri mai dese în cluburi, petreceri, băutură, ţigări. Nu am abuzat niciodată de toate astea, adică nu mi-am creat o reputaţie proastă.

M-am menţinut mereu în limitele normalului, am avut mereu mult bun-simţ şi nu am uitat de educaţia pe care am primit-o de la părinţii mei. Dar, oarecum, încercam să mă păcălesc că sunt fericită.

Nu am găsit nici în această viață de noapte ceea ce căutam. Începusem să îmi fac din ce în ce mai mulţi prieteni şi cunoştinţe şi, deşi eram înconjurată de atâţia „prieteni", m-am afundat şi mai mult în singurătatea mea.

Ba chiar am făcut toate greşelile posibile:

* Încercam să adopt un stil vestimentar care nu mă caracteriza, doar pentru că îmi doream foarte mult să mă încadrez în acel grup.
* Începeam să mă înfometez ca să ajung la dimensiunile pe care atunci le consideram ideale, deşi nu aveam mai mult de 50 kg la aproape 170 cm înălţime.
* Mergeam la solar, la coafor toată ziua, purtam dimineaţa, la prânz şi seara tocuri de 20 cm... Trebuia să fiu o „piţi" veritabilă.
* Îmi puneam tot felul de măşti pentru a mă ridica la „înălţimea" anturajului.

Dar, oricât de ciudat ar părea, același om care fuge de singurătate ajunge să se sufoce când telefonul îi sună necontenit, când se scufundă în marea de imagini virtuale ale reţelelor de socializare, când iese pe stradă şi se îneacă în puhoiul de oameni din jurul său care, parcă, îl iau pe sus şi-l poartă spre nicăieri.

Simte că nu-i rămâne decât să-şi ia lumea în cap şi să evadeze. Dar unde să se ducă? Şansa la singurătate i-a fost răpită de mult.

FUGA DE SINGURĂTATE

În adolescență, nu ai nevoie de boli sau moarte ca să trăiești o tragedie.

Jessamyn West

Oricât am încercat să izgonesc singurătatea din viaţa mea, undeva în adâncul meu se află reminiscenţele unui sentiment, care nu-mi dădeau pace şi îmi şopteau difuz că viaţa de turmă nu pare a fi potrivită pentru mine, că nu trebuie să duc o viaţă de oaie. Şi asta pentru că omul are o înclinaţie naturală către singurătate.

Mă asemăn, mai degrabă, cu un lup care umblă în haită, dar care se retrage şi în solitutidine, decât cu o oaie.

Aşa-i firea mea, caracterizată de o asemenea dualitate, în care instinctul social şi cel al singurătăţii stau împreună.

Din păcate, în fuga noastră de singurătate, ne-am îndepărtat de noi înşine şi poate am pierdut ce aveam mai bun în noi.

Este sănătos să trăieşti împreună cu ceilalţi şi orice întâlnire cu alte persoane ne defineşte ca oameni. Ajungem chiar să ne reflectăm în cei de lângă noi ca într-o oglindă, fie că este vorba despre prieteni, rude sau persoane care doar trec aleatoriu prin viaţa noastră şi, astfel, reuşim să ne cunoaştem prin intermediul lor.

Însă, dacă aceste întâlniri nu sunt urmate şi de clipe de singurătate, ajungem să ne risipim prin ceilalţi, să ne depersonalizăm printr-o relaţionare continuă cu cei de lângă noi.

Fără doar şi poate, materia primă pentru dezvoltarea personală este **singurătatea.** Tot ce culegem din jurul nostru, experienţe, trăiri, cunoştinţe, este filtrat în singurătate printr-o privire lucidă în cele mai adânci colţuri ale sufletului şi ale spiritului nostru.

Adevărul e că nu toate întâlnirile ne îmbogăţesc. Dimpotrivă, avem nevoie de singurătate ca de o igienă personală, în care să curăţăm deşeurile care se adună, să dăm la o parte ceea ce este nefolositor din noi, iar după aceea să modelăm tot ce a rămas bun într-un chip armonios şi statornic.

E bine uneori să le întoarcem spatele celorlalţi, să ne reîntoarcem către propria persoană şi să batem la porţile lucrurilor care se află în adâncul nostru.

Cu siguranţă, vom fi surprinşi de ce vom găsi, dar şi înspăimântaţi, căci confruntarea cu noi înşine poate scoate la iveală lucruri de o frumuseţe nebănuită, însă şi demoni ascunşi care ne bântuie şi de care fugim, în loc să-i înfruntăm.

Roadele singurătăţii pot fi nepreţuite dacă ştim ce să facem cu ea. Nici nu bănuim cât de odihnitoare şi de dătătoare de pace poate fi singurătatea.

Uneori, e bine să ne mai oprim, să nu ne lăsăm purtaţi în permanenţă de existenţa asta care curge necontenit, să ieşim puţin din Timp şi să ne găsim timpul personal, ritmul fiinţei noastre, să căutăm a fi în contact cu noi înşine, cu interiorul nostru, nu doar cu un exterior care ne goleşte şi ne oboseşte.

E sănătos, din când în când, să punem stavile şi să nu lăsăm ca lucrurile să vină peste noi, să ne ia pe sus şi să ne îndepărteze de noi înşine.

De la singurătate învăţăm să ieşim în întâmpinarea noastră, nu doar a celorlalţi. De-abia de-acum începem noi. Dacă am înţelege într-un astfel de mod singurătatea, am avea atât de mult de câştigat şi ne-am îmbogăţi. Şi poate aşa nu am mai rata una dintre cele mai rare întâlniri, de care puţini au parte, cea cu noi înşine.

Fericirea vine din interior şi nu are nevoie de astfel de „ajutoare." Acestea nu îţi folosesc decât să te păcăleşti pentru o scurtă perioadă, după care te simţi mai trist decât înainte şi ai nevoie de o „doză" mai mare. Nicio dependenţă nu este bună.

Indiferent cât de mult ai greşit sau orice dramă trăieşti, încetează să te mai acuzi, să te mai învinovăţeşti, să mai suferi, să mai trăieşti în trecut. Ceea ce ai făcut nu mai poate fi schimbat. Ţine de domeniul trecutului.

Renunţă la gândurile de genul „şi dacă nu aş fi făcut asta"; „dacă aş putea da timpul înapoi.".. NU POŢI!!! Important este să accepţi situaţia aşa cum este ea, să încerci să te împaci cu trecutul tău şi să te concentrezi pe soluţii.

DE LA S... LA XXS! – FENOMENUL BARBIE

Cu toţii ştim că stima de sine vine din ceea ce crezi tu despre tine, nu din ceea ce cred alţii.

Gloria Gaynor

În ultimele decenii s-a dezvoltat în rândul tinerelor femei din întreaga lume o obsesie legată de greutate. Foarte multe femei apelează la diete stricte şi fac foarte mult sport pentru a fi cât mai slabe.

Adoptarea unui stil de viaţă cât mai sănătos este întotdeauna benefică, însă unele femei recurg la măsuri drastice şi ajung să slăbească mai mult decât ar fi necesar. Multe dintre aceste persoane suferă de anorexie.

Ţin minte că aveam o perioadă când voiam să arăt ca păpuşa Barbie. Probabil că îmi plăcuse în copilărie atât de mult de ea, încât în adolescenţă îmi doream să fiu o copie a acesteia.

Ajunsesem destul de departe: îmi vopsisem părul blond, purtam lentile de contact albastre, slăbisem foarte mult, făcusem o obsesie din a-mi măsura talia... şi chiar reuşisem performanţa să ajung la 53 cm în talie.

Acest fenomen luase o amploare destul de mare în grupul meu de atunci şi cred că încă sunt adolescente care visează să devină păpuşi cu viaţă.

Hai să facem o analiză şi să vedem dacă acest lucru este posibil. Conform unui studiu făcut de Universitatea Boston:

1. Gâtul păpuşii Barbie este de două ori mai lung decât al unei femei normale.
2. Picioarele păpuşii Barbie sunt cu 50% mai lungi decât mâinile ei, în timp ce la femei picioarele sunt doar cu 20% mai lungi decât braţele.
3. Dacă o femeie ar avea dimensiunile păpuşii Barbie, nu ar avea suficientă masă adipoasă (pentru a duce o viaţă normală, cu atât mai puţin pentru a face un copil).
4. În corpul păpuşii Barbie ar fi loc doar pentru jumătate de ficat şi câţiva centimetri de intestine. Rezultatul? Moarte din cauza malnutriţiei şi altele.

Femeia	Barbie (dacă ar fi reală)
o Înălțimea medie a unei femei: 165 cm	o Înălțimea medie a unei femei: 190 cm
o Greutatea medie a unei femei: 65 kg	o Greutatea medie a unei femei: 45 kg
o Mărimea medie la rochie: 38	o Mărimea medie la rochie: 33
o Bust: cupa B	o Bust: cupa FF
o Talie: 70 cm	o Talie: 45-50 cm
o Şolduri: 100 cm	o Şolduri: 70-80 cm
o Mărimea la picior: 37-38	o Mărimea la picior: 34-35

Barbie a avut, cu siguranţă, un impact negativ asupra încrederii de sine a tinerelor fete, deoarece nimeni nu poate arăta aşa decât cu ajutorul chirurgiei estetice. Astfel s-a ajuns la frustrări, bulimie, anorexie, depresii şi chiar cazuri de sinucideri, doar pentru că ele nu pot atinge acest ideal.

Dragele mele, sunteţi frumoase!!!

Sunteţi minunate!

Învaţă să te iubeşti aşa cum eşti şi trăieşte în armonie cu propriul corp.

Bineînţeles, asta nu înseamnă că nu trebuie să faci sport şi să te îngrijeşti. Dar este important să găseşti un echilibru în toate.

Mulţi au încercat să găsească o definiţie pentru adolescenţă, dar numai cei ce trăiesc în prezent această perioadă pot spune că e cea mai frumoasă, dar şi cea mai grea, deoarece te afli într-o continuă schimbare. Doar în acești ani ai puterea să plutești și să pendulezi între cer și pământ.

Adolescența este generată, se pare, chiar de ambiguitatea statusului adolescentin; adolescentului i se neagă identitatea de copil, dar încă nu i se recunoaște capacitatea de a îndeplini rolurile adultului.

Este perioada caracteristică marilor emoții și frământări sufletești, a unor mari modificări psihice și biologice.

Unii părinți sunt speriați de curele de slăbire, alții sunt revoltați de farduri sau de vopsirea părului, alții se liniștesc gândind că această etapă va trece și problemele vor dispărea de la sine.

În timpul pubertății și al adolescenței copiilor, mulți părinți văd mai clar problemele pe care până atunci le ignoraseră.

Pentru că își dau seama că au crescut copiii, înfățișarea și comportamentul lor le spun asta din ce în ce mai clar.

Pentru că unor părinți le e greu să accepte trecerea timpului și creșterea copiilor, pregătirea pentru noi etape, apropierea despărțirii de ei, acceptarea drumului pe care copiii vor să-l urmeze.

Totodată, pentru părinți, pubertatea și adolescența copiilor sunt o retrăire a propriei adolescențe, cu frământările de atunci, și asta face dificilă uneori chiar și comunicarea cu ei. „Nu vreau să treacă prin ce am trecut eu” este fraza cea mai răspândită a multor mame care cer ajutor.

De-a lungul adolescenței am trecut prin tot felul de stări și de trăiri. Eu sunt o fire foarte veselă și sociabilă, dar aveam și momente când eram introvertită, timidă și introspectă; uneori chiar nesociabilă.

Aveam momente când eram total indiferentă față de părerile celorlalți; nu eram prea receptivă la sugestii, opinii și idei noi. Pe mine tot ce mă interesa era să îmi trăiesc dragostea.

Dar aveam și momente în care îmi păsa foarte mult de ceea ce credeau alții despre mine și, din încercarea de a-i mulțumi pe alții și pentru că îmi doream foarte mult să mă încadrez în grupurile „cool" ale liceului, mă chinuiam să mă ridic la anumite standarde impuse de alții.

Hainele erau o mare problemă. Moda se schimba des, noi trebuia să ținem pasul cu ea sau chiar să fim cu un pas înainte. Deja nu mai era suficient să îți cumperi haine din oraș, mergeam la Iași sau la București.

Era un adevărat calvar atât pentru părinți, cât și pentru mine să țin mereu pasul cu cerințele și așteptările altora, să încerc să fiu altceva decât ceea ce sunt în realitate.

Asta mă făcea să nu am încredere în mine, să fiu superficială, să nu fiu mulțumită și împlinită decât pentru scurte momente în care obțineam „acea rochiță" sau „acei pantofi" pe care mi-i doream de atât timp.

Dar bucuria nu dura prea mult. Bucuria dura doar în ziua în care reușeam să obțin acel ceva și, cel mult, în ziua când o/îi purtam pentru prima dată în fața întregului grup.

Țin minte că mă simțeam ca o prințesă, simțeam că am câștigat o bătălie. Că sunt cea mai frumoasă! În sfârșit, aveam un moment de fericire, când mă simțeam frumoasă, acceptată, iubită și adorată.

Îmi plăcea foarte mult să fiu în centrul atenției, să observ privirile asupra mea și să simt cum, ca prin minune, băieții întorceau capul după mine. Eu credeam că rochița cea nouă sau pantofii cu toc cui erau motivul.

Foarte târziu am realizat că, de fapt, încrederea în mine și felul în care eu mă simțeam cu mine și mă acceptam atrăgeau priviri.

Atunci când ai încredere în tine, te iubești și te accepți așa cum ești, se emană o energie specială și ceilalți o percep ca fiind foarte sexy și atrăgătoare.

Pentru fiecare dintre noi, feminitatea înseamnă ceva. Pentru unii înseamnă delicatețe, pentru alții pasivitate, unele fete cred că machiajul este cel mai caracteristic pentru a fi feminină, altele însă consideră că forma corpului este cea mai importantă.

PRIMA ÎNTÂLNIRE CU FEMINITATEA

Fiecare femeie s-a născut cu propriul mister, cu înfățișarea și magnetismul personal și, de aceea, o femeie nu trebuie să înceteze, în nicio împrejurare, să fie Femeie.

Preocuparea pentru a fi feminină, plăcută și iubită, admirată este o preocupare veche și am amintiri cu mine de la 4-5 ani pe tocurile mamei sau dându-mă pe ascuns cu rujul ei roșu.

Apoi a urmat o perioadă în care toate aceste preocupări au părut umbrite de jocuri, de școală, de alte preocupări și interese. Către 11-12 ani, revin în forță preocuparea și întrebările legate de feminitate, odată cu debutul pubertății. A fost o perioadă pe care am trăit-o cu multă exuberanță și vioiciune.

În această perioadă apare necesitatea unui model, model care, la început, a fost mama. Apoi, pe rând, diferite femei celebre, doamna profesoară de muzică, pe care o admiram foarte mult și cu care îmi doream să semăn.

În multe rânduri însă această dorință de imitare ajunge să devină un chin, întrucât încercam să semăn în tot felul de aspecte cu ele. Cure de slăbire, haine asemănătoare, machiaj ca al modelului, copierea gesturilor și câte și mai câte încercam pentru a-mi construi identitatea feminină.

Modelele mele se schimbau destul de des în această perioadă și încercam să „iau" gesturile de la cineva, stilul vestimentar de la altcineva, coafura din altă parte etc. Eram foarte pretențioasă și începusem să îmi dau seama cât este de important să fii „special" și, prin urmare, nu voiam să se observe ceea ce copiam.

Astfel, construirea identității este, de fapt, o construcție laborioasă în care îmbinam imaginația, afectivitatea, voința, relațiile cu ceilalți, modul meu de a suporta frustrarea și de a face față încercărilor vârstei.

Am avut încă de mică o atracție pentru tot ce ține de cochetărie, feminitate. Nu știu dacă are vreo legătură cu faptul că mama a fost și încă este o femeie foarte aranjată și elegantă sau dacă am eu în sânge asta. Mi-au plăcut mereu tocurile, rujul roșu, femeile aranjate, elegante și sofisticate, materialele fine.

Femeia este considerată un alchimist al Universului, are piatra filosofală... tot ce trebuie să facă este să-și trezească sufletul și să folosească acea putere ascunsă.

Forța feminină, acea energie colosală, misterioasă o însoțește oriunde s-ar duce și orice ar face. Are puterea de a încânta, de a seduce.

Fiecare femeie s-a născut cu propriul mister, cu înfățișarea și magnetismul personal și, de aceea, o femeie nu trebuie să înceteze, în nicio împrejurare, să fie Femeie.

Voiam să mă simt admirată, să îmi găsesc, să îmi creez un fel de a fi feminin, să fiu eu însămi, să nu mă simt respinsă, condiţionată de anumite exigenţe ale societăţii...

Aveam în jurul meu tot felul de tendinţe, tot felul de încercări. Fetele băieţoase, de exemplu, care încercau să se comporte, să vorbească şi să se îmbrace ca băieţii, considerând că e rău sau monoton să arăţi ca o fată.

Fetele foarte aranjate, fardate, îmbrăcate cu haine care le scot în evidenţă formele feminine, pentru care a atrage priviri şi a fi dorite au cea mai mare importanţă.

Fetele inhibate, care îşi ascundeau corpul şi se simţeau ruşinate de transformările prin care treceau, pentru care a fi femeie era o povară de care se apropiau cu groază.

Altele care de-abia aşteptau să crească, să devină ca mamele lor sau ca modelele lor şi care treceau cu uşurinţă prin cea mai dificilă perioadă cu ajutorul prietenilor, sportului sau hobby-urilor.

CÂND DEPENDENȚELE ÎȚI AFECTEAZĂ VIAȚA

Eu eram mereu în căutarea propriului stil. Am avut o perioadă în liceu când purtam numai tocuri.

Tocuri vara, tocuri iarna, tocuri peste tot. Nu îmi plăcea să renunț la ele nici când se anunța o zi în care aveam mult de mers. Simțeam că îmi lipsea ceva. Tocurile erau parte din mine.

Eram atât de atașată de ele, încât atunci când eram forțată să nu le mai port (de exemplu, la ora de sport), aveam impresia că mă duc pe spate.

Şi acum am o pasiune pentru pantofii cu toc, însă m-am mai vindecat de această obsesie. Pentru că devenise, într-adevăr, o obsesie. Când mă simţeam rău, îmi cumpăram pantofi, când mă simţeam bine şi voiam să mă premiez pentru ceva, îmi cumpăram o pereche de pantofi.

Mă simţeam bine numai pentru că ştiam că sunt acolo... stau frumos la loc de cinste în dulap. Ajunsesem să am peste 50 de perechi de pantofi de toate culorile, modelele.

Îmi amintesc că eram la un curs al dragului Marius Simion, unul dintre mentorii şi îndrumătorii mei de suflet. Aveam o durere de spate îngrozitoare, o durere care nu mă mai lăsa să mă concentrez.

După curs, Marius m-a întrebat ce s-a întâmplat. I-am zis de durerea mea de spate şi mi-a răspuns aproape instantaneu că trebuie să renunţ la tocuri.

Nici nu mă gândisem la legătura dintre durerea mea de spate şi tocuri. Era o durere cronică pe care o aveam de câţiva ani şi care, în ultima vreme, se agravase. Eu credeam că e de la prea mult stat pe scaun la birou.

I-am răspuns că e imposibil să renunţ la tocuri, că tocurile sunt parte din mine şi că nu pot face asta. Mi-a explicat că port tocuri pentru că nu am suficientă încredere în mine şi motivul pentru care cumpăr atâtea perechi de încălţăminte este că vreau să umplu nişte goluri.

Aşa cum unii mănâncă excesiv, alţii beau, alţii se droghează... aşa procedez şi eu cu pantofii. GRAV, nu?

Vorbele lui au fost ca un duş rece. Şi dacă mai întâi am fost foarte înverşunată, spunând că nu voi renunţa la tocuri şi că trebuie să existe o altă metodă să îmi rezolv durerea de spate, cu timpul am început să aleg pe timpul zilei balerini în loc de tocuri aproape inconştient.

Şi, culmea, am început să mă simt mult mai bine. Durerea mea de spate aproape că dispăruse.

Tot fără să îmi dau seama, am început să renunţ să îmi mai cumpăr câte o pereche de pantofi pe săptămână. Recent, când m-a întrebat Marius dacă mi-am mai cumpărat pantofi, mi-am dat seama că trecuse aproape o lună de când nu am mai cumpărat nicio pereche.

Uau! Mă simţeam ca dependenţii de droguri care încep să se vindece. Nu mai simţisem nevoia de mai bine de o lună să îmi iau doza şi asta era minunat.

ARUNCĂ MĂŞTILE — EŞTI MINUNATĂ AŞA CUM EŞTI!

Dă jos masca pe care ţi-ai pus-o ca să satisfaci aşteptările unei alte persoane şi încetează să te minţi. Atât timp cât vei purta acea mască nu vei fi capabil să descifrezi cauzele ascunse care te-au determinat să te ascunzi în dosul ei.

Nici nu vei putea ajunge la acea parte din tine care trebuie schimbată pentru a-ţi îmbunătăţi imaginea de sine. În momentul când vei lepăda masca, vei simţi că o mare povară ţi s-a luat de pe suflet.

Herbert Harris

Eşti pregătită să fii tu însăţi în viaţă sau vrei să te simţi în siguranţă ascunzându-te în spatele măştilor? Eşti pregătită să devii mai reală decât ai fost vreodată?

Asta înseamnă să renunţi la măştile superficiale pe care le purtai şi care ascundeau adevărata ta natură.

După cum vezi, şi eu am purtat câteva măşti, pe care cu greu le-am îndepărtat.

Eu cred că fiecare s-a născut cu un talent şi cu înzestrări aparte. Adesea, aceste talente rămân ascunse. Îţi petreci o mare parte din viaţă încercând să îţi dai seama care sunt talentele tale şi cum se presupune că trebuie să le foloseşti.

Adevărata ta faţă este persoana care te-ai născut să fii, cu puncte forte şi slăbiciuni, talente şi frustrări, obiceiurile tale nostime şi înţelepciunea esenţială. Adevărata ta faţă este persoana care erai înainte ca dramele şi traumele vieţii să te schimbe.

Să fii tu însăţi este tot ce ai nevoie. Încetează să fii cineva care nu eşti.

Viaţa este o călătorie influenţată de părinţi, profesori, familie, prieteni etc. Aceşti oameni au ajutat la modelarea ta în femeia care eşti astăzi. Din păcate, se poate ca unele dintre influenţele lor să fie negative. Acele influenţe negative ar putea sabota adevărata ta realitate, adevărata ta identitate.

Să ne întoarcem în copilărie. Ce vor şi de ce au nevoie toţi copiii mici? În mare parte, să se simtă iubiţi, să se simtă în siguranţă, să obţină atenţie şi să se simtă importanţi, nu? Copiii caută persoane importante din viaţa lor drept modele după care să se ghideze şi care să îi îndrume.

Copiii pot să îşi modeleze orice comportament şi, de cele mai multe ori, adoptă atitudinea adulţilor din preajmă. Universul copiilor este dominat de oamenii mari de care depinde viaţa lor.

Copiii învaţă foarte devreme că, dacă se comportă rău, oamenii mari s-ar putea să îşi retragă dragostea şi chiar să îi ameninţe că îi părăsesc. Încet, încet, ei îndepărtează acele părţi ale caracterului lor pe care adulţii le consideră rele sau ruşinoase.

Până în adolescență este posibil să fi aruncat și unele dintre talentele înnăscute, deoarece nu erau considerate suficient de bune sau demne de urmat.

Ai observat pe cineva care a fost obligat să își asume un rol pentru care nu este potrivit? Este frustrant. Se instalează resentimentele și persoana respectivă are senzația că este prinsă în capcană.

Masca ta poate induce în eroare lumea din exterior, dar nu și inima ta!!!

O parte din procesul de a descoperi cu adevărat cine ești o reprezintă descoperirea a ceea ce nu ești. Măștile unor oameni se lipesc atât de bine, încât aceștia nu mai știu ce simt cu adevărat. Masca devine un substitut confortabil.

Demolarea fațadei poate provoca teamă. De fapt, ceea ce trebuie să faci este să te întrebi: „Cine sunt?"

Toate măștile au ceva în comun. Măștile te împiedică să împarți cel mai mare dar pe care îl ai. Acest dar este adevărata ta identitate. O dublură distorsionată, pur și simplu, nu poate să înlocuiască adevăratul tău eu.

Trebuie să îți scoți masca pentru a deveni sănătoasă din punct de vedere emoțional, pentru a avea o legătură mai strânsă cu tine însăți și cu ceilalți.

După o perioadă de aproape un an în care am fugit de mine, mi-am pus tot felul de măști și am încercat să mă refugiez în cât mai multe ieșiri, petreceri, alcool, țigări, prieteni și tot felul de distracții, mi-am dat seama că nu este deloc ceea ce vreau și că sunt mai rău decât eram înainte.

Vei vedea în următorul capitol ce soluții am găsit pentru a ieși din această perioadă a vieții mele și care a fost drumul parcurs de la singurătate la căsătorie.

CONCLUZII

Fii recunoscătoare...

...că nu ai deja tot ce îţi doreşti, pentru că, dacă ai avea totul, ce motiv te-ar mai îndemna să faci ceva?

...când nu ştii ceva, pentru că atunci ai prilejul să înveţi!

...pentru momentele dificile; în aceste momente poţi să creşti!

...pentru limitele tale, astfel poţi să realizezi îmbunătăţiri!

...pentru orice nouă provocare, pentru că atunci îţi demonstrezi puterea şi caracterul!

...pentru greşelile tale, pentru că ele te vor învăţa lecţii valoroase!

...atunci când eşti obosită; asta înseamnă că ai făcut ceva!

Este uşor să fii recunoscătoare pentru lucrurile bune! O viaţă împlinită o vor avea aceia care vor fi mulţumiţi şi în momentele dificile!

Mulţumirea poate transforma negativul în pozitiv! Găseşte, deci, o cale de a mulţumi pentru probleme şi atunci ele vor deveni binecuvântări.

- ✓ Ascultă-ţi vocea interioară, ascultă-ţi intuiţia care, cu siguranţă, ţi-a dat de multe ori semnale, dar pe care le-ai ignorat. Urmează-ţi visul şi fă ceea ce ţi-ai dorit. Secretul pentru a face performanţă îl reprezintă pasiunea şi dăruirea. Bineînţeles, şi multă muncă şi perseverenţă. Dar, cu pasiune, munca devine mai uşoară.
- ✓ Este important ca în fiecare moment din viaţă să avem un mentor. Să ne căutăm o persoană care

să ne ajute în evoluția noastră, un model care să ne inspire, să ne ghideze, să ne ajute să trecem mai ușor peste obstacole.

- ✓ „Nu există iubire fără suferință." Cu cât este mai mare iubirea, cu atât este mai mare și suferința.
- ✓ Fericirea vine din interior și nu are nevoie de astfel de „ajutoare." Acestea nu îți folosesc decât să te păcălești pentru o scurtă perioadă, după care te simți mai trist decât înainte și ai nevoie de o „doză" mai mare.
- ✓ Indiferent cât de mult ai greșit sau orice dramă trăiești, încetează să te mai acuzi, încetează să te mai învinovățești, să mai suferi, să mai trăiești în trecut. Ceea ce ai făcut nu mai poate fi schimbat. Ține de domeniul trecutului. Renunță la gândurile de genul „și dacă nu aş fi făcut ăsta"; „dacă aş putea da timpul înapoi." NU POȚI!!! Important este să accepți situația așa cum este ea, să încerci să te împaci cu trecutul tău și să te concentrezi pe soluții.
- ✓ Învaţă să te iubeşti aşa cum eşti şi trăieşte în armonie cu propriul corp.
- ✓ Încrederea în tine este cel mai sexy „accesoriu" al tău, care poate atrage cele mai multe priviri. Atunci când ai încredere în tine, te iubești și te accepți așa cum ești, se emană o energie specială și ceilalți o percep ca fiind foarte sexy și atrăgătoare.
- ✓ Trebuie să îți scoți măștile pentru a deveni sănătoasă din punct de vedere emoțional, pentru a avea o legătură mai strânsă cu tine însăți și cu ceilalți.

PAŞI DE ACŢIUNE

1. Îndepărtează MĂŞTILE

Indică măştile pe care le porţi:

MASCA

— Cea care caută aprobarea celorlalţi

— Victima

— Albinuţa harnică

— Intelectuala

— Salvatoarea

— Mama

— Altele

- De ce porţi această mască? ....

....

....

....

- În faţa cui porţi masca?

....

....

....

....

- Care este teama cea mai mare dacă renunţi la această mască?

....

....

....

....

....

De acum încolo, lasă-ţi adevărata identitate să aibă rolul principal, astfel încât să poţi să-ţi arăţi adevărata comoară din interiorul tău şi să o împarţi cu ceilalţi.

Vei începe să te simţi mai armonioasă în relaţiile cu ceilalţi, mai integră şi mai puternică. Ceilalţi vor observa şi vor aprecia deschiderea ta. Oamenii reali sunt preferabili falsurilor.

CAPITOLUL II

DRUMUL DE LA SINGURĂTATE LA CĂSĂTORIE

CUM SĂ TRECI PESTE O DESPĂRŢIRE

O despărţire este ca o oglindă spartă.
Mai bine o abandonezi decât să te răneşti
încercând să o repari.
Anonim

Îţi spuneam în capitolul anterior că mi-a fost foarte greu să trec peste despărţirea de prima mea dragoste şi ne-a luat ceva timp amândurora să nu mai inventăm scuze pentru a ne vedea.

Este clar că aceste întâlniri ne făceau mai mult rău decât bine şi că relaţia oricum nu ar mai fi putut fi reînviată.

CUM SĂ EVIŢI CELE MAI FRECVENTE SCUZE DE A TE VEDEA CU FOSTUL

Rol dificil, dar frumos îl interpretează femeia
care suportă cu eleganţă o despărţire.
Simone de Beauvoir

Ca să treci peste trecut, trebuie să renunţi de bunăvoie la acesta: evită scuzele de a te vedea cu EX-ul.

Totuşi, dacă vrei să închei o relaţie cu fostul, trebuie să eviţi scuzele:

„Vreau să rămânem prieteni."

Să încerci să rămâi prietenă cu fostul este, de cele mai multe ori, o strategie necâştigătoare. Deşi, în puţine cazuri excepţionale, se poate trece cu succes de la o relaţie de dragoste la una de prietenie, acestea sunt excepţiile, şi nu regula.

Chiar dacă despărţirea a fost amicală şi ar putea fi vorba despre prietenie pe viitor, ai nevoie de timp pentru a-ţi clarifica sentimentele şi a trece de ruinele relaţiei. Întrerupe contactul!

„Trebuie să înţeleg că s-a terminat."

Asta nu e ceva ce poţi înţelege cu ajutorul altei persoane, ci este ceva ce vine din interiorul tău. Dacă vrei să accepţi că s-a terminat, atunci trebuie să plângi cât ai nevoie după acea relaţie, să integrezi experienţa în viaţa ta şi să mergi mai departe. Aşa se va întâmpla: în ritmul tău şi fără amestecul altcuiva.

„Trebuie să înţeleg de ce s-a întâmplat."

Nu, nu trebuie. Ca şi la punctul precedent, aceasta este o altă încercare de a responsabiliza pe altcineva pentru ce ţi se întâmplă.

Chiar dacă nu încetezi să te întrebi de ce, majoritatea răspunsurilor primite de la fostul tău nu te vor face să te simţi mai bine şi s-ar putea nici să nu aibă sens. Chiar dacă ţi-e greu, rezistă tentaţiei de a întreba de ce şi cum s-a întâmplat asta şi, pur şi simplu, acceptă că asta e.

„Vreau să fiu disponibilă pentru împăcare."

Acesta este, probabil, motivul cel mai prost pentru a păstra legătura. Persoanele care doresc împăcarea au tendinţa de a deveni marionete atunci când fostul are nevoie.

Uită cine sunt și ce-și doresc. Chiar dacă ar putea fi o împăcare la orizont, trebuie să fii puternică și să poți alege modul corect de a fi din nou împreună. Așa că acum ai nevoie de timp și de spațiu pentru a deveni o persoană mai puternică, indiferent cum rămâne cu fostul.

„Trebuie să-i dau lucrurile înapoi."

Dacă lucruri de-ale fostului au rămas la tine, împachetează-le, trimite-i-le și gata. Dacă ai lucruri de-ale tale la el, gândește-te dacă sunt importante, iar dacă sunt, spune-i să ți le trimită. Altfel, uită de ele și treci mai departe.

„Sex for old times' sake."

NU NU NU! Unii oameni cred că sexul de despărțire este amuzant și incitant sau măcar confortabil. Dar poate aduce confuzie și sentimente rănite mai târziu.

Chiar dacă vă simțiți bine, doar amânați inevitabilul din nou: este timpul să spui „adio." Dacă a murit, îngroapă-l. Nu dormi cu el.

„Trebuie să vorbim (în legătură cu serviciul, copiii, comunitatea)."

Chiar și așa, este posibil să nu aveți aproape nicio legătură. Astea înseamnă doar conversațiile strict necesare, pe care le vei păstra cât mai scurte și mai concise cu putință, și nu folosi acest contact drept scuză pentru a discuta despre relație.

Nu uita că pentru a putea începe o nouă relație și ca aceasta să meargă bine trebuie mai întâi:

- ✓ să petreci o perioadă singură, tu cu tine;
- ✓ să te detașezi total de fostele relații;
- ✓ să te împaci cu trecutul;

- ✓ să faci o analiză a relațiilor trecute și să vezi ce anume ai vrea pe viitor și ce nu și abia apoi să te gândești la o nouă poveste de dragoste;
- ✓ să lași un loc gol în viața ta ca să îl umpli cu altceva. Cât timp locul e ocupat, nu are cum să apară altceva nou acolo.

Universul nu poate să vă pună binele în mâini până nu dați drumul la ce aveți în ele.
Randy Gage – *Cele 7 legi ale spiritualității*

Dacă vă agățați de lucruri negative, cele pozitive nu au loc să intre în viața voastră.

DACĂ NU TE VINDECI COMPLET DUPĂ O DESPĂRȚIRE, VEI FACE MULTE GREȘELI ÎN URMĂTOAREA RELAȚIE

Când o ușă se închide, se deschide alta. Însă, de cele mai multe ori, pierdem atât de mult timp uitându-ne după ușa închisă, încât nici nu observăm că o alta tocmai s-a deschis în fața noastră.
Alexander Graham Bel

Eu am ales varianta ieșirilor și distracțiilor de tot felul, crezând că asta mă va ajuta să trec mai ușor peste despărțire.

După ce am ieşit aproape un an încontinuu, am început să am mustrări de conştiinţă. Nu mă regăseam în acele activităţi superficiale, ştiam că nu ăsta e drumul meu, ştiam că în acest fel nu fac decât să mă irosesc.

Şi, pentru că în acel an am cheltuit foarte mulţi bani, trebuia să îmi caut un serviciu ca să mă descurc. M-am angajat destul de repede.

Încă nu venise criza şi, deşi nu terminasem facultatea, mi-am găsit imediat un post de asistent manager într-o companie imobiliară.

Fericită că eram pe drumul cel bun, mi-am propus să dau tot ce era mai bun din mine ca să fac o impresie bună la noul loc de muncă.

Acum aveam o ocupaţie în timpul zilei, dar seara, când ajungeam acasă, încă îmi era foarte greu să suport singurătatea.

Încercam să ţin în continuare pasul cu prietenele mele, care nu aveau altă ocupaţie decât facultatea. Şi facultatea era doar cu numele pentru că, în majoritatea zilelor, nici nu ajungeau pe acolo. Mă culcam dimineaţa, mă duceam chioară de somn la serviciu.

Dacă la început eram încântată de noul job, cu timpul, am început să îmi dau seama că nu este ceea ce caut, că nu mă împlineşte deloc ceea ce fac, mă simţeam mai goală decât înainte.

Simțeam o veșnică neliniște și parcă eram mereu în căutare de ceva. Căutam în exterior ceea ce trebuia să găsesc în interiorul meu. Și crezi că a ieșit bine? Normal că nu. Pentru că această nouă experiență nu m-a satisfăcut și, pentru că oricum nu mai era chiar atât de nouă, am început să caut altceva.

Am început să devin obsedată de gândul că, dacă voi avea o relație cu un bărbat responsabil și care să mă iubească, viața mea se va schimba.

Îmi făcusem şi un portret exact al bărbatului care trebuia să mă facă fericită.

Te rog să fii atentă la această exprimare: „să mă facă fericită." Din start am pornit greșit.

Crezi că te poate face fericită cineva dacă tu ești nefericită și neîmplinită?

Crezi că îți poate umple cineva niște goluri pe care tu le ai și pe care tu singură nu ai reușit să ți le umpli?

Aici e greșeala pe care cei mai mulți dintre noi o fac. Intră în relații crezând că problemele lor se vor rezolva, crezând că suferințele lor se vor șterge. Și că traumele din trecut vor fi rezolvate de această nouă persoană vindecătoare.

Și aici vreau să fac o paranteză:

Am fost învățați că, dacă vrem afecțiune și iubire, trebuie să căutăm pe cineva care să ne-o poată da.

Am fost învățați că altcineva este responsabil de fericirea noastră.

Am fost învățați că, dacă vrem înțelepciune și cunoaștere, trebuie să căutăm în afara noastră.

Am fost învățați că informațiile vitale se găsesc în biblioteci, în universități și în mintea altor oameni.

Nu am fost învățați că am putea să căutăm înăuntrul nostru. Însă, de fiecare dată când privim în afară, pentru a ne căuta înțelepciunea, aceasta devine imediat a altcuiva, nu a noastră.

Nu suntem capabili să contribuim la imaginea universală, la Întreg, cu propria unicitate, cu propria înțelepciune. Dar trebuie să ne trăim unicitatea, pentru că ea creează ordinea Întregului.

Răspunsul la orice întrebare pe care am putea-o pune se găsește înăuntrul nostru. Adevărul nu e „afară", ci în interiorul minunatei noastre ființe, căci suntem mult mai mult decât ne-am putea imagina.

De fapt, suntem învățați să adormim, să ne deconectăm de la ceea ce înseamnă, cu adevărat, viața.

Există un singur lucru care te împiedică vreodată să faci ceea ce, într-adevăr, îți dorești: **FRICA.**

În societatea modernă se acordă mare atenţie perpetuării fricii, pentru că ea este un mijloc extrem de eficient de a controla masele. Ne e frică de sărăcie şi de boală, de război şi de terorism, de singurătate.

Fericirea, sănătatea și libertatea sunt drepturi din naştere ale fiecărei persoane de pe această planetă și ele pot fi obţinute de fiecare persoană care trăieşte aici. Indiferent unde te afli pe drumul vieții, ai potențialul să îți găsești fericirea, sănătatea, libertatea, iubirea.

Pe măsură ce învățăm să ne iluminăm potențialul, devenim ceea ce altora le-ar putea părea un miracol în mișcare.

De aceea, este foarte important ca, după ce suferi o despărțire, să îți acorzi timp ție, să te iubești, să te înțelegi, să cauți în interiorul tău ceea ce ai nevoie.

Să cauți să te autodisciplinezi, să te vindeci, să te placi pe tine și să te bucuri de viață în fiecare zi, găsindu-ți tot felul de activități pe care să le faci cu plăcere, oameni frumoși de care să te înconjori, uneori.

După câteva zile de lucru, unul dintre asociați deja începea să îmi facă invitații, complimente etc. Era foarte galant și atent cu mine. Genul bărbatului care le ştie pe toate, foarte sigur pe el, arogant, dar charismatic.

Părea exact genul de bărbat la care visasem eu că o să mă liniștească și alături de care mi-aș putea întemeia o familie.

Eram hotărâtă să îl cuceresc, așa că aveam să îmi folosesc toate armele feminine din dotare și, bineînțeles, toate tehnicile de seducție pe care le învățasem de-a lungul timpului.

CUM SĂ SEDUCI UN BĂRBAT ŞI SĂ ÎL FACI SĂ TE IA DE SOŢIE?

Poţi seduce un bărbat fără a-ţi scoate nicio haină de pe tine, chiar fără a-l atinge.

Rae Dawn Chong

Arma femeii nu-i puterea, ci e seducţia, adică bogăţia şi variaţia tentaţiilor.

Şerban Milcoveanu,
Zâmbetul promiţător de sentiment

Cum să îl faci să simtă această ATRACŢIE ADÂNCĂ şi PUTERNICĂ? (Partea asta nu e chiar aşa de grea dacă ştii cum funcţionează. Şi urmează să îţi arăt chiar acum.)

Iată câteva trucuri pentru a crea această atracţie intensă:

TRUCUL #1: **Arată-i că nu eşti nici pe departe NEEDY** (o persoană cu o stare de nevoie accentuată).

În caz că nu ştiai, este important să înţelegi de ce un bărbat te poate vedea ca pe o persoană needy, chiar şi atunci când nu eşti.

Ştiai că o femeie nu trebuie să fie neapărat needy că să îi creeze unui bărbat acel sentiment care îi spune: **FUUUGI**, când ea este în apropiere?

Felul în care tu îţi exprimi sentimentele şi trăirile cu prietenele tale poate să îl facă pe un bărbat să se sperie şi să se îndepărteze de tine.

Câteva exemple de acest gen: „de ce nu m-ai sunat ieri?” sau „ne vedem şi noi în acest weekend?” Nu trebuie să ajungi să pui astfel de întrebări dacă vrei ca atracția să se mențină trează.

Un bărbat se va simți mult mai atras de tine dacă tu îi arăți cât de mult te bucuri și cât de preocupată ești de timpul petrecut **alături de el**.

Nu trebuie să îi arăți sub nicio formă că ți-e teamă și că ești nesigură de el atunci când **nu este alături de tine**, încercând să dai de el în orice fel posibil. Asta îl va determina, cu siguranță, să facă un pas înapoi.

Iată și o metodă prin care să faci asta mai ușor... Nu îți concentra atenția pe cât **TIMP** petreceți împreună. Bărbații nu pun la fel de multă valoare pe TIMP, așa cum fac majoritatea femeilor.

Concentrează-te pe crearea unor situații, momente și experiențe care îl vor face pe el să TE DOREASCĂ mai mult.

Când faci asta, nu trebuie să îți faci griji sau să ceri mai mult, pentru că el va veni de bunăvoie și în mod constant să te caute.

TRUCUL #2: **Fii diferită de celelalte FEMEI.**

Un bărbat adoră să fie în preajma unei femei cu care are ce să discute. O discuție mai interesantă decât lucrurile plictisitoare de zi cu zi.

Dacă discuțiile voastre se limitează la probleme de serviciu, ce ai făcut weekendul trecut, ce ai mâncat la prânz și sentimentele vor fi pe măsură... la fel de neinspirate și pline de **PLICTISEALĂ...**

Asta poate discuta **ORICARE** altă femeie cu el.

O altă greșeală pe care femeile o fac la primele întâlniri este aceea de a se plânge foarte mult sau de a povesti ce dramă au trăit ele cu fostul.

Eu cred că şi tu te-ai speria un pic dacă ai fi bărbat. Aşa că **NU** deschide acest tip de subiect. Te rog, nu face asta!!!

Dacă vrei să întâlneşti şi să atragi un bărbat care să arate şi bine şi care să aibă şi creier, şi cu care să ai o relaţie mai lungă de o noapte, **RIDICĂ-TE din mulţime.** Nu ai voie să fii **PLICTISITOARE** şi **PREVIZIBILĂ!**

Bărbaţii de genul ăsta cu siguranţă au fost cu foarte multe femei şi au auzit atâtea de la femei. Aşa că îşi va pierde imediat interesul dacă şi tu vorbeşti în acelaşi mod şi despre aceleaşi lucruri despre care vorbesc 98% dintre femeile pe care le-a întâlnit.

Dar...

Un bărbat **IUBEŞTE** să fie în preajma unei femei care emană o energie pozitivă, care vorbeşte cu bucurie şi cu entuziasm despre pasiunile ei (altele decât shoppingul şi saloanele de înfrumuseţare), care arată că are şi alte preocupări decât majoritatea femeilor care au încercat să îl cucerească până atunci.

Asta te va **DIFERENŢIA** cu siguranţă de orice altă femeie. Şi va dori să petreacă mai mult timp cu tine.

Orice bărbat vrea să EVITE acel gen de femeie care îşi doreşte o relaţie cu cineva pentru a-i face viaţa mai frumoasă şi pentru a-i umple timpul.

Femeia căreia un bărbat NU ÎI POATE REZISTA este acea femeie care deja face lucruri minunate cu viaţa ei, care se simte împlinită şi mulţumită de viaţa ei, care nu are o problemă cu faptul că este singură, pentru că poate să trăiască foarte bine şi singură (dacă nu eşti în stare să trăieşti tu cu tine, cum crezi că vei putea trăi cu altcineva?).

Această femeie îl va atrage în mod natural şi îl va face să-şi dorească să facă parte din viaţa ei.

Acum ai putea să te întrebi:

Ce anume din viața ta și din modul tău de viață ar face un bărbat să își dorească să facă parte din ea?

TRUCUL #3: **Nu fi previzibilă.**

Dacă un bărbat nu are idee ce vei spune sau ce vei face în continuare, este foarte probabil ca el să întrebe în mod constant de tine. Şi faptul că întreabă de tine înseamnă că se gândește mai mult la tine.

Ce înseamnă asta?

Asta înseamnă că, dacă știi să creezi un anumit **nivel de imprevizibilitate,** astfel încât el să fie constant surprins în mod plăcut de tine, va fi mult mai interesat și mai atras de tine.

Umorul și teasing-ul sunt două arme cărora bărbații nu le pot rezista. Așa că folosește-le cu încredere... în loc de povestirile plictisitoare sau de răspunsurile previzibile.

De ce iubesc bărbații asta?

Pentru că se creează o **TENSIUNE JUCĂUȘĂ** (nu am găsit un alt adjectiv mai bun pentru a descrie asta). Şi această tensiune creează o energie pe care bărbaţii o adoră.

Este previzibil ca, dacă îți place un bărbat și îți dorești o relație cu el, să spui chestii de genul:

Cred că ești un bărbat minunat și mi-ar plăcea să avem o relație mai serioasă și să ne vedem mai des.

Brrr... o astfel de replică face să dispară toată vraja.

Bărbații își pierd interesul pentru o relație când lucrurile devin **PREA PREVIZIBILE, PREA SERIOASE** sau **PREA PLICTISITOARE** şi când femeia nu mai este acea femeie radiantă, amuzantă, iubitoare, energică de care a fost atras la început.

Bărbații devin neliniștiți și nesiguri că mai vor să continue o astfel de relație atunci când nivelul atracției fizice și emoționale scade prea mult.

De aceea, este atât de important să știi cum să faci acele sentimente să apară și apoi să menții vii atracția și interesul.

Te-ai întrebat vreodată de ce un bărbat cu care ai fost are acum o relație cu o femeie care nu pare a fi atât de grozavă ca tine?

Nu e cu nimic mai bună decât tine, totuși el o place foarte mult și poate chiar s-au logodit (și tu nu puteai nici măcar să-l faci să VORBEASCĂ despre cum va evolua relația voastră).

Îți spun eu de ce astfel de lucruri se întâmplă atât de des. Nu din cauză că „nu era pregătit" atunci când era cu tine, ci pentru că nu era la acel nivel de atracție emoțională cu tine.

Nici nu mai e nevoie să-ți spun că nu trebuia să fii vreun supermodel sau laureată a Premiului Nobel pentru a face un bărbat să se îndrăgostească de tine.

Nu, asta înseamnă **ATRACȚIA EMOȚIONALĂ.**

Atracția emoțională este ceea ce un bărbat simte în mod inconștient pentru tine, ceea ce îi spune că tu ești **„aleasa"** și că e aproape dependent de prezența ta. Așa că tot ce trebuie să faci este să **CREEZI** această **ATRACȚIE EMOȚIONALĂ** și apoi totul va veni de la sine.

Dacă asta te intrigă, atunci poți citi mai mult.

TRUCUL #4: Zâmbește!

O femeie care zâmbește are mai multă putere decât îți poți imagina. O femeie care zâmbește în primul rând este mai ușor de abordat.

Iar atitudinea încrezătoare și jucăușă îl face pe orice bărbat să-și dorească să o cucerească pe acea femeie.

Multor femei le este frică să nu fie înţelese greşit sau să fie catalogate **„uşor abordabile"**, aşa că se feresc să zâmbească prea mult.

Acum hai să ne punem şi în locul bărbaţilor. Tu, dacă ai fi bărbat, ce ai prefera?

O femeie închistată, aparent frustrată şi morocănoasă ori super fiţoasă? (Poate că nici nu sunt, dar asta e impresia pe care o lasă.)

Sau o femeie deschisă, veselă, plină de energie, jucăuşă, amuzantă şi ÎNCREZĂTOARE?

În plus, mai există la nivel psihologic o explicaţie pentru care bărbaţii preferă să abordeze o femeie care pare veselă şi deschisă. **Pentru că zâmbetul este un semn de acceptare.**

Bărbaţii, de multe ori, au nevoie de un semnal ca să fie siguri că se pot apropia înainte să rişte să se prezinte.

Dacă te vede prea serioasă, îi va fi frică să nu îl „muşti." Bărbaţii sunt foarte fricoşi şi timizi în ceea ce priveşte femeile.

Da, da, chiar şi cei care au avut multe femei, tot au o reţinere la început şi, instinctiv, se îndreaptă către femeia cu cele mai bune semnale.

Aşa că **ZÂMBEŞTE!!! Este atât de uşor şi are un efect atât de mare.**

TRUCUL #5: **Îmbracă-te şi poartă-te cât se poate de feminin.**

Bărbaţii sunt foarte **VIZUALI**. Toată lumea ştie asta, dar femeile, de multe ori, uită cât de vulnerabili sunt bărbaţii la ceea ce VĂD. O stimulare vizuală corectă poate să hipnotizeze un bărbat.

Uneori, femeile devin foarte temătoare când aud asta, pentru că se gândesc că bărbaţii le observă doar pe FEMEILE PERFECTE.

Uită de PERFECŢIUNE! Dacă vrei să fii observată de un bărbat, gândeşte-te la culori, rochii şi curbe.

A... şi piesa de rezistenţă: PANTOFII CU TOC.

Aşa că îmbracă-te cât mai feminin şi, cu siguranţă, nu vei trece neobservată. Nu e vorba că bărbaţilor nu le plac femeile în pantaloni sau că ei consideră că nu le stă bine. Doar că nu le observă aşa uşor pe cele îmbrăcate astfel.

TRUCUL #6: **Vezi care îţi sunt PUNCTELE SLABE şi acceptă-le. Apoi învaţă cum să le transformi în puncte forte.**

Ştii exact ce trebuie să faci ca bărbatul de care eşti interesată să simtă imediat acea scânteie de INTERES şi ATRACŢIE pentru tine?

Sau...

Aceste lucruri nu vin pentru tine la fel de natural precum ai vrea?

Prea multe femei pretind că ele le ştiu pe toate în ceea ce-i priveşte pe bărbaţi şi că aceştia răspund foarte bine la toate încercările lor, în timp ce fac tot felul de lucruri care îi determină pe bărbaţi să se îndepărteze. Şi cred apoi că totul e doar o întâmplare. Că doar ea le ştie pe toate... deci nu a fost vina ei.

Acest lucru este valabil și pentru femei, și pentru bărbați. Consideră că trebuie să știe și să înțeleagă totul despre sexul opus în mod natural.

Nu este deloc așa. Nimeni nu se naște învățat, seducția se poate învăța la fel ca orice altceva. Important este să conştientizezi faptul că ai nevoie de câteva lecţii... şi că trebuie să îţi îmbunătăţeşti anumite aspecte.

Multe femei continuă să facă lucruri care nu funcţionează şi să îi îndepărteze pe bărbaţi.

Astfel, nu reuşesc decât să devină mai frustrate şi supărate când, încă o dată, lucrurile nu merg aşa cum şi-au dorit cu un bărbat.

Dacă vrei cu adevărat să nu mai simţi niciodată că viaţa ta sentimentală **NU FUNCŢIONEAZĂ...**

Şi dacă eşti cu adevărat pregătită pentru răspunsurile potrivite care vor face lucrurile să meargă pentru tine, atunci îţi va fi uşor.

De ce uşor?

Pentru că deja ai făcut partea dificilă.

Ai ales să fii deschisă către o nouă abordare a acestor lucruri.

Mai uşor de atât nu poate fi să faci schimbarea pe care o cauţi.

În loc să-ţi consumi energia făcând sau spunând lucruri care în mod normal l-ar „speria" sau l-ar face să se retragă, poţi învăţa cum să stârneşti în el o atracţie atât de mare, încât te va vrea doar pentru el... pentru totdeauna.

PERIOADA OARBĂ SAU LUNA DE MIERE DINTR-O RELAŢIE

După un timp, am început să ieşim. Lucrurile au evoluat destul de repede între noi şi mi se părea că este exact ceea ce am căutat atât timp.

Se spune că există o perioadă de îndrăgostire, o perioadă care durează între 2 luni şi 2 ani şi care, în teorie, se numeşte chiar „luna de miere."

Această perioadă este una oarbă, în care tu nu eşti îndrăgostită de partenerul tău, ci de proiecţiile tale asupra partenerului.

Ești îndrăgostită de ceea ce ai vrea tu să găsești în partener, ești îndrăgostită de imaginea perfectă pe care tu ți-ai creat-o de-a lungul timpului despre prințul tău, care te va lua de soţie și alături de care vei trăi fericită până la adânci bătrâneți.

În această perioadă, îndrăgostiţii caută să fie aprope unul de celălalt în majoritatea timpului, schimburile dintre cei doi parteneri sunt dense, vibrația emoțională fiind foarte intensă.

Persoanele îndrăgostite fac totul împreună, se adaptează unul la celălalt, venind în întâmpinarea partenerului, intrând în profunzimile lui.

Cei doi îndrăgostiți își proiectează propriile fantasme asupra persoanei iubite, fiecare văzându-și partenerul nu așa cum este în realitate, ci așa cum visează el să fie, ignorând acele trăsături care sunt mai puțin plăcute.

Pe de altă parte, pentru a plăcea celuilalt, partenerii își vor modifica personalitatea pentru a se conforma dorințelor și nevoilor celuilalt, diminuând trăsăturile care pot crea neplăcere și accentuându-le pe cele care par să placă.

Intimitatea fizică și psihică devine foarte bogată în schimburi, făcându-i pe îndrăgostiți să trăiască o stare de beatitudine izvorâtă din fuziunea dintre cei doi.

Bucuria de a trăi și fericirea pe care o simt ating cote maxime, totul putând fi posibil.

În această perioadă curge numai lapte şi miere!

În această perioadă nu există conflicte!

Nu există certuri prea mari.

Nu îi vezi defectele celuilalt sau, chiar dacă le vezi, începi să îi găsești scuze pentru orice sau chiar ți se par atrăgătoare aceste defecte.

Sună exact a scenariu de poveste, nu?

Chiar este superbă această perioadă şi cu toţii am trăit-o măcar o dată.

Însă e de preferat ca în acest timp de amorţire şi de îndrăgostire să nu luăm decizii radicale, să nu ne căsătorim şi să nu facem copii.

Păcat că nu ştiam toate acestea cu ceva ani în urmă...

MOMENTUL MULT AŞTEPTAT: CEREREA ÎN CĂSĂTORIE

A venit, în sfârşit, şi momentul mult aşteptat. Într-o zi frumoasă de vară, m-a sunat şi m-a invitat la o plimbare în Grădina Botanică.

Sinceră să fiu, era prima dată când mergeam în Grădina Botanică, spre ruşinea mea, deşi eram în Bucureşti de vreo trei ani.

Încă îmi amintesc foarte bine miresmele florilor, multitudinea culorilor şi frumuseţea vegetaţiei de acolo. Era ceva magic, parcă desprins dintr-o poveste. De parcă tot Universul ar fi complotat pentru ca acel moment să iasă perfect.

Nici nu bănuiam că de asta mă chema acolo, pentru că noi eram oarecum certaţi în ziua aceea.

Am uitat să spun că era extrem de gelos şi de posesiv, aşa că ajunsese până într-acolo încât să îmi dezgroape tot trecutul. Mi-a spart adresa de e-mail din primele săptămâni în care am început să ieşim, dar asta am aflat abia mai târziu.

Aşa că a început să mă întrebe cu cine am mai vorbit dintre foştii prieteni, dintre foştii colegi în ultima perioadă. Avea o problemă cu chestia asta şi mereu se supăra dacă spuneam că voiam să merg la părinți în vizită. Îi era frică să nu mă văd cu vreun fost iubit.

În ziua aceea, țin minte că m-a făcut să îi spun despre fiecare în parte. Să îi spun cu cine am fost, cât am stat, ce am făcut, dacă am mai păstrat legătura cu ei.

Mă simțeam ca la interogatoriu. Știu că, la un moment dat, nu mai făceam față presiunii și am început să plâng.

Ajunsese să mă întrebe de niște chestii mai delicate despre care eu chiar nu aveam de gând să vorbesc. Și el insista în continuare cu un sadism ieșit din comun. Mă vedea că nici nu mai puteam să respir și, cu toate astea, continua să mă întrebe și să insiste cu acel interogatoriu, motivând că el oricum știa deja tot, dar voia să audă din gura mea. Și, dacă nu îi spuneam, aveam să ne despărțim.

Îți dai seama în ce hal eram eu dacă am acceptat toate astea?

Îți dai seama cât de slabă eram?

Cât de puțină încredere în mine aveam?

Cât de puțin respect față de mine aveam?

Cum am putut să accept să îmi facă una ca asta?

Unde îmi erau personalitatea, individualitatea?

Eram mică și prostuță și m-am lăsat manipulată ca un modelino!

În cele din urmă, am spus tot, în speranța că va înceta. Eram obosită fizic, psihic și emoțional după o oră și ceva de întrebări și plânsete.

Într-un final, a scos o cutiuță, mi-a dat inelul și m-a cerut de soție, spunându-mi că mă iartă pentru tot ce am făcut, însă, de-acum înainte, nu trebuie să îi mai greșesc cu nimic, pentru că la prima abatere va fi grav.

Eu i-am promis spășită că nu va mai fi nicio abatere şi apoi nu mai puteam de fericire.

Îţi dai seama până unde a putut să meargă? Mă ierta pentru ce am făcut înainte să fiu cu el. Acum mă enervez numai când îmi amintesc.

Dar cine era el? Dumnezeu? Cine i-a cerut lui iertare şi de ce trebuia să mă ierte el pe mine?

Draga mea, când cineva te iubeşte, trebuie să te iubească şi să te accepte aşa cum eşti. Trebuie să te ia cu tot trecutul tău. Pentru că, dacă nu era trecutul tău, tu nu mai erai cea pe care el astăzi o iubeşte.

Cam asta a fost minunata mea cerere în căsătorie.

M-a luat prin surprindere cererea lui, însă eu credeam că asta îmi doream şi am acceptat.

Totul părea un vis, dar visul nu era decât în imaginaţia mea, pentru că eu nu vedeam decât ceea ce voiam să văd. În rest, eram oarbă. Oarbă total.

Până şi prietenelor, atunci când mai apucam să mă văd cu ele, le povesteam doar părţile frumoase.

Altă greşeală pe care am făcut-o! Pentru că, dacă spuneam tot, poate îmi dădeam şi eu seama că era cel puţin aberant ceea ce făcea el.

El îmi acorda atenţie 1-2 ore pe zi, apoi pretindea că are multă treabă şi nu mai ştiam nimic de el.

Mi-am anunţat familia, care, la început, a fost şocată şi nici nu voia să audă. Eram prea tânără pentru a mă căsători şi, după ce l-au cunoscut, nu l-au plăcut deloc, pentru că ei observaseră foarte bine încă de atunci că mă manipula, că era arogant.

Nu am vrut să îi ascult şi nu m-a interesat părerea altora. Iar părinţii au fost nevoiţi să accepte.

Au urmat pregătirile de nuntă.

PREGĂTIRILE DE NUNTĂ

În toate torturile de nuntă, speranța este cel mai dulce ingredient.
Douglas Jerrold

A fost odată ca niciodată o fată simplă care știa că într-o zi va fi salvată de viața ei simplă și plictisitoare de un prinț care va apărea pe un cal alb și care o va lua și o va duce în împărăția sa, vor face o nuntă mare și vor trăi fericiți până la adânci bătrâneți.

Cam astea sunt pe scurt poveștile cu care noi am crescut și la care noi am visat încă de mici.

De câte ori nu ți-ai imaginat această scenă, în care erai chiar tu prințesă în devenire?

De câte ori nu ai visat la prințul care va veni să te salveze și să te facă fericită?

De câte ori nu ai visat la rochia ta albă de mireasă, o rochie fermecată care te va transforma, măcar pentru o noapte, în cea mai frumoasă prințesă din întregul tărâm?

Toate femeile visează la nunta lor și își doresc să trăiască aceste momente de basm...

De cele mai multe ori, nici măcar nu este vorba despre ceea ce va urma, ci despre acel moment magic:

Tu îmbrăcată în prințesă

„castelul" frumos împodobit

Pantofiorii de cristal

Prințul tău

„întregul regat" care a venit la nunta ta pentru a se bucura alături de tine

De câte ori nu ai visat la asta?

Majoritatea femeilor, după ce trec de 20 de ani, deja încep să se imagineze mirese şi fiecare partener pe care îl au, de aici încolo, devine un posibil prinţ.

În perioada asta eram eu atunci când am primit superbul inel cu diamante, când am spus DA şi când am început să mă pregătesc cu emoţie pentru ziua cea mare...

Timp de trei luni, cât au durat pregătirile de nuntă, am trăit într-o permanentă vrajă. Eram ca hipnotizată, cu gândul la ziua în care voi fi prinţesă.

Eram atât de entuziasmată şi vrăjită de tot ce mi se întâmpla, încât restul nici nu mă mai interesa...

Eram în lumea mea, trăiam visul meu, un vis care era pe cale să devină realitate. Credeam că, după nunta din poveşti, voi trăi fericită până la adânci bătrâneţi alături de prinţul meu, aşa cum citisem în atâtea basme.

Am plecat la Viena să îmi cumpăr rochia de mireasă şi, după îndelungi căutări, în momentul în care am avut-o în faţă, am ştiut că EA este cea potrivită.

A fost dragoste la prima vedere şi ştiam că ea mă va face fericită pentru o noapte.

Am avut norocul să îmi pot permite să nu mă uit la preţ, pentru că oricum pentru mine ea era nepreţuită. Trebuia să fie a mea, chiar dacă trebuia să fac eforturi suplimentare pentru a o avea.

Şi, pentru că eu mă simt foarte legată de mama mea, aveam nevoie şi de părerea ei, deşi nu aveam prea mari îndoieli că era rochia ideală.

M-am îmbrăcat cu rochia, m-am transformat în prinţesă şi am făcut o poză pe care i-am trimis-o printr-un MMS mămicuţei mele. După ce am primit un DA plin de emoţie şi din partea ei, am cumpărat-o!

Era a mea, acum era a mea şi câteva zile euforia în care am trăit a fost şi mai mare. Era ca şi cum luasem o pastilă de fericire şi era atât de bine...

Castelul avea să fie unul pe măsură. Hotel Marriot, în cea mai frumoasă sală.

Era ideal locul... exact aşa cum visasem atâţia ani... până şi scările care te conduceau până în sală erau ca în vis. Scări pe care le-am ornat cu petale de trandafiri, bucheţele de flori şi felinare.

Apoi au urmat şi celelalte pregătiri: pantofii, buchetul miresei, aranjamentele din sală, cadouaşele pentru invitaţi, domnişoara de onoare, sora mea, o mică şi frumoasă prinţesă, cavalerul de onoare.

A venit şi ziua cea mare, mult aşteptată: NUNTA.

CONCLUZII

- ✓ Dacă nu te vindeci complet după o despărţire, vei face multe greşeli în următoarea relaţie.
- ✓ Răspunsul la orice întrebare pe care ţi-ai putea-o pune se găseşte înăuntrul tău.
- ✓ Adevărul nu e „afară”, ci în interiorul minunatei tale fiinţe, căci eşti mult mai mult decât ţi-ai putea imagina.
- ✓ E foarte important ca, după ce suferi o despărţire, să îţi acorzi timp, să te iubeşti, să te înţelegi, să cauţi în interiorul tău ceea ce ai nevoie.
- ✓ Să cauţi să te autodisciplinezi, să te vindeci, să te iubeşti, să te iubeşti mult şi să te bucuri de viaţă în fiecare zi, găsindu-ţi tot felul de activităţi pe care să le faci cu plăcere, oameni frumoşi de care să te înconjori uneori.
- ✓ Când cineva te iubeşte, trebuie să te iubească şi să te accepte aşa cum eşti. Trebuie să te ia cu tot trecutul tău. Pentru că, dacă nu era trecutul tău, tu nu mai erai cea pe care el astăzi o iubeşte.

PAŞI DE ACŢIUNE

Pentru a începe să faci ceea ce funcţionează cu bărbaţii, urmează aceşti patru paşi simpli:

1. Scrie care crezi că îţi sunt punctele slabe atunci când vine vorba despre seducerea unui bărbat:

....

....

....

....

2. Încearcă să găseşti soluţii pentru a-ţi îndrepta aceste puncte slabe. Citeşte, întreabă, învaţă de la altcineva care ştie.

....

....

....

....

3. Scrie punctele forte alte tale atunci când vine vorba despre seducerea unui bărbat:

....

....

....

....

4. Scrie care sunt noile „trucuri" pe care le-ai găsit aici şi de care ai putea să te foloseşti pentru a-l cuceri pe bărbatul de care îţi place:

....

....

....

....

După ce înveţi şi descoperi ceea ce ar trebui să faci, treci la acţiune şi pune în aplicare ce ai învăţat. Ieşi din casă, fii încrezătoare, fii optimistă că vei găsi persoana potrivită, bucură-te de fiecare încercare. Cu fiecare încercare eşti mai aproape de partenerul potrivit ţie.

Acum relaxează-te şi bucură-te de rezultatele pozitive şi de cât de uşor îţi este acum să-l cucereşti pe bărbatul vieţii tale.

CAPITOLUL III

DE LA MIERE LA VENIN — VIAŢA DE SOŢIE

DUPĂ MIERE, AM PRIMIT VENIN

Problema unora dintre femei este că se entuziasmează pentru câte un nimic – și apoi se căsătoresc cu el.

Cher

Am făcut nunta, ne-am dus în Tenerife, pe plajele însorite, în luna de miere și apoi a început calvarul.

După ce am revenit din luna de miere, m-am lovit de cruda realitate. A fost ca un duș rece care încerca să mă coboare cu picioarele pe pământ.

Era ca și cum o perioadă trăisem într-un vis, mă lăsasem purtată de feeria nunții și a lunii de miere. Așa cum un norișor plutește frumos pe cer, așa plutisem și eu.

Dar, brusc, între soare și norișori s-au așezat, treptat, niște nori mari și, în timp, s-a produs furtună cu tunete și fulgere. Furtună care nu a putut fi evitată prea mult timp, pentru că toată relația fusese construită pe ceva ce nu exista.

Eram deja însărcinată și, așa cum citisem în cărți, trebuia să fiu într-una dintre cele mai fericite perioade din viața mea.

Numai că primele trei luni au fost toxice, luni pe care cu greu le-am suportat, pentru că nu puteam să beau nici măcar un pahar cu apă fără să vomit.

Aveam și stări de somnolență, amețeală, apatie, neliniște pentru viitoarea mea viață de mămică și de soție.

Aceste stări îmi erau accentuate de divergenţele pe care le aveam cu proaspătul meu soţ.

Era genul de persoană care avea impresia că le ştie pe toate, că el e cel mai bun în toate. El lua toate deciziile în casă, la serviciu, în legătură cu sarcina mea, în legătură cu tot. Nici măcar nu îmi cerea părerea. Iar pe mine chestiile astea mă scoteau din sărite.

Cum să nu am niciun cuvânt de spus atunci când îmi amenajez căsuţa în care urmează să locuiesc, căsuţa în care va locui copilul meu?

Ne-am mutat într-o casă neterminată în mijlocul câmpului. Nu aveam deloc condiţii de trai. Ai mei mi-au cumpărat toate electrocasnicele și mi-au pus parchet pe jos... în rest, nu avea nimic.

Era decembrie, eu eram însărcinată în șapte luni, iar el mă lăsa acolo zile în şir, fără să îi pese de mine. Acolo nu se putea ajunge decât cu maşina personală şi pe atunci mi se stricase mașina.

Venea acasă numai pe la 1-2 noaptea, nu îmi răspundea la telefon şi, când îmi răspundea, îmi spunea că nu poate vorbi şi că mă sună el. Eu îl aşteptam cu mâncarea pregătită de la 7 seara până la 1 noaptea. Că na... eram proaspăt căsătoriți și voiam să simtă și el asta...

Numai cât m-a făcut să plâng toată sarcina, nu a avut grijă de mine deloc, nu m-am simțit protejată deloc, nici alintată.

Şi aveam nevoie de atâta afecţiune... şi eram aşa de singură, izolată de toată lumea... şi încă nu aveam curajul să spun ceva cuiva, pentru că abia ne căsătoriserăm şi nu voiam să cred că am făcut o greşeală.

Deoarece casa era pe numele lui, mă trata de parcă eram un simplu musafir fără drept de opinie. Chiar și când încercam să vin cu idei, când încercam să-l iau frumos sau pe ocolite, începea clar cu NU, fără măcar să ia în calcul ceea ce spusesem.

Apoi a început să-şi extindă aria în care să-şi impună punctul de vedere. Întâi, mai subtil. Sugerându-mi cum ar fi mai bine să nasc, unde ar fi mai bine să nasc, ce ar trebui să îi cumpăr lui David şi ce nu.

Iar apoi, uşor, uşor, a început să ia el deciziile şi pentru mine.

CUM A ÎNCEPUT MANIPULAREA?

Treptat, m-a făcut să renunţ la prietenii mei, nu mai aveam voie să mă văd cu ei decât foarte rar (nu îmi interzisese, însă se cam supăra dacă nu ţineam cont de ceea ce voia el).

A început să îmi **controleze programul**, îmi dădea foarte mult de muncă şi mă ţinea peste program, apoi mă ţinea după el şi uite-aşa viaţa mea dinainte de a-l cunoaşte se schimbase complet.

Iar eu credeam în această relaţie şi îmi doream atât de mult să meargă, încât făceam tot ce îmi dicta el aproape inconştient.

De ce? Pentru că eu asta îmi propusesem şi trebuia să fac tot ce îmi stătea în putinţă ca să îmi duc planul la bun sfârşit.

Vezi ce înseamnă să îţi pui nişte ţeluri nerealiste în minte sau, mai rău, să devii obsedat de ceva?

Ajungi să nu mai gândeşti raţional şi să nu mai realizezi dacă ceea ce îţi doreşti ţi se potriveşte sau nu. Şi ajungi să nu mai vezi restul defectelor.

Nu îl interesa nimic de copil şi nu i-a cumpărat nimic, pe motiv că este criză şi mai e timp să îi luăm. Iar eu mă consumam, fiindcă era primul meu copil şi voiam tot ce era mai bun pentru el. Ce îi mai cumpăram îi cumpăram pe ascuns din banii părinților mei.

Apoi am născut, iar el și-a văzut de viața lui în continuare, nu m-a ajutat, nu venea acasă mai repede, tot așa, foarte târziu, și atunci voia să îl aștept cu mâncare, aranjată, iar copilul să doarmă și să nu îl deranjeze noaptea.

Ajunsesem să plâng din orice și eram cu moralul la pământ. Mă transformasem din fata veselă și optimistă într-o femeie ajunsă la capătul puterilor, care plângea non-stop. Și mai grav era faptul că îmi scăzuse încrederea în mine și în puterile mele. Pentru că avea el grijă de asta.

Cum puteam eu să mă dezvolt în aceste condiții?

Cum aș fi putut eu să mă concentrez pe evoluția mea?

Cum aș fi putut fi eu un exemplu pentru alții?

Sau pentru fiul meu?

Cum l-aș fi putut crește în liniște și armonie când eu plângeam mereu?

Totul era plănuit. Îmi tăiase aripile ca să nu mai pot fugi de acolo.

Dacă voiam să încep vreun proiect nou, îmi spunea că nu voi fi în stare să îl termin, că nu e bun și tot felul de motive ca să nu mă lase să fac nimic.

Dacă voiam să mă angajez în altă parte, îmi spunea că nu e bine, că voi munci pentru alții și sigur „se va da șeful la tine."

Dacă îi ceream bani, îmi spunea că eu nu aduc bani în casă decât prea puțini și nu uita să îmi reproșeze asta de fiecare dată.

Am vrut să dau la a doua facultate și nu m-a lăsat, pe motiv că nu voi avea timp să mă ocup de toate. Apoi, anul următor, am dat la master fără să mai țin cont de părerea lui... dar mi-a pus bețe în roate încontinuu... să nu pot plăti, să nu pot învăța pentru admitere etc... însă eu mi-am văzut de treburile mele, pentru că deja începusem să îl ignor. Şi am intrat la masterul pe care mi-l doream.

În „lume” era foarte atent şi drăgăstos cu mine şi cu copilul, însă acasă nici nu stătea cu noi. Nu îl interesa nimic altceva decât persoana lui. Nu conta că poate eram obosită, că poate aveam și eu alte treburi, că poate mi-aş fi dorit să fac altceva... Dorinţele mele nu contau.

Nevoile mele nu erau treaba lui.

Îmi amintesc că o singură dată mi-a fost poftă de ceva când eram cu burtică şi l-am rugat să se ducă să-mi cumpere... dar „era prea târziu să mai iasă din casă.” Pentru el nu conta că aş fi putut să pierd sarcina.

Ce m-a pus pe gânduri foarte mult, în afară de starea aproape permanentă de nefericire, a fost faptul că eu acceptam să ne strice viaţa mie şi copilului meu, să mă îndepărteze de visurile şi de scopurile mele.

Păi, câte vieţi am?

Să îmi permit luxul să îl las pe el să mi-o strice pe asta? Chiar dacă mai aveam zece vieţi, tot aceeaşi era decizia.

Merit mult mai mult decât atât. Ştiu care îmi e potenţialul, ştiu ceea ce pot să ofer şi atunci clar nu mă voi mulţumi cu puţin.

Dacă vrei să fii cu o prinţesă, trebuie să fii un prinţ.

Ideea e că am luat înţeleapta decizie de a pune capăt acestui lung şir de nemulţumiri şi de neplăceri. Deşi nu a fost deloc uşor. Dar asta e deja altă discuţie. Despre cum să faci să-ţi înfrunţi teama, să nu îţi pese de gura lumii, despre cum să ieşi din zona ta de confort şi despre scuze... veşnicele scuze care ne ţin din drumul nostru spre succes şi împlinire.

Te rog să înveţi din experienţele mele, pentru că, până la urmă, ăsta e scopul acestei cărţi şi, dacă se întâmplă să treci printr-o experienţă neplăcută în căsnicie sau în cuplu, nu te complace în situaţie, nu accepta prea multe, nu face compromisuri la nesfârşit, mai ales dacă nu ai pentru cine.

Ai încredere în tine şi mergi mai departe. Se poate trece peste o despărţire, chiar dacă ai unul sau mai mulţi copii, chiar dacă eşti foarte tânără şi chiar dacă ai trecut de prima tinereţe.

Nu ai casă?

Nu ai un serviciu?

Nu contează! Soluţii se găsesc la orice problemă.

Zi-mi o singură problemă şi eu îţi arăt cel puţin cinci persoane care au reuşit în aceleaşi condiţii... sau poate chiar mai rău.

Nu există scuze pentru o viaţă trăită la întâmplare. Poţi căuta să-ţi îndeplineşti confortul fizic în fiecare zi a vieţii tale, însă, dacă nu faci un pas mai departe şi nu descoperi ce îţi animă spiritul, vei căuta o viaţă întreagă fără să ştii ce.

SECRETE ASCUNSE PE CARE NU ŢI LE SPUNE NIMENI DESPRE CĂSĂTORIE

Şi au trăit fericiţi până la adânci bătrâneţi.

Ca femei de succes ce suntem, şi inteligente, pe deasupra, ştim că viaţa nu este o poveste cu zâne. Dar trebuie să recunoaştem: undeva în subconştientul fiecăreia se ascund viziuni romantice cu Cenuşăreasa sau poate cu Julia Roberts.

Imaginile pot fi vagi şi puţin cam depăşite, dar printre ele putem distinge silueta miresei şi a lui Făt-Frumos îndepărtându-se împreună pe calul alb către apus.

În viaţa reală, se poate întâmpla ca povestea ta desprinsă din filmele lui Disney să aibă un final mai degrabă care se aseamănă cu filmele de groază ale lui Wes Craven – în care tu să fii tânăra care cade şi ţipă să-i fie cruţată viaţa.

Să recunoaştem, căsătoria nu este pentru cei slabi de înger. Ne place să credem că dragostea curată pe care o împărtăşim ne va face să mergem înainte.

Da, este adevărat că ne împinge înainte. Vrem să ne amăgim cu faptul că, dacă ne vom căsători din dragoste, restul problemelor şi neînţelegerilor se vor rezolva de la sine.

Dar nu toate lucrurile cu care ne confruntăm în căsnicie sunt aşa plăcute.

Draga mea, nu vreau să te sperii, nu vreau să te fac să nu te mai căsătoreşti, dar nici să crezi că dragostea este suficientă şi tu nu trebuie să mai depui niciun efort.

Dar iată care este secretul: uneori părţile cel mai puţin romantice ale căsniciei sunt cele care te pot învăţa cele mai multe lucruri despre tine, despre partenerul tău şi despre natura iubirii dintre voi.

Iată nişte adevăruri simple care îţi deschid calea către comorile şi plăcerile surprinzătoare ale adevăratei vieţi amoroase pe care o ai: imperfectă şi diferită de poveştile cu zâne.

Iată câteva dintre duşurile reci pe care le-am primit după ce m-am căsătorit cu Făt-Frumos:

1. M-am trezit într-o dimineaţă, m-am uitat la EL şi mi-am zis: „Asta-i tot? Pentru totdeauna?”

Când m-am căsătorit, am crezut că am făcut cea mai bună alegere, că el este **sufletul meu pereche** și că vom fi fericiți împreună până la moarte. Apoi m-am trezit într-o dimineață și mi-am dat seama că nu este deloc ceea ce îmi doream.

La fel o să ai și tu un moment în care îți dai seama că, oricât de grozav este el, nu te face fericită în orice moment al fiecărei zile. De fapt, în unele zile te vei întreba chiar de ce te-ai grăbit așa de tare să te măriți. Și, probabil, te gândești că nu asta căutai, de fapt.

Cine s-a mai gândit în acea zi minunată în care tu și iubitul tău tăiați împreună tortul, ciocneați pahare de șampanie și dansați valsul miresei, că „la bine și la rău" nu se aplică numai atunci când în viață apare o greutate sau când intervine monotonia, bat-o vina!

Puterea unei relații este, de fapt, pusă la încercare zi de zi, când monotonia îngrozitoare a conviețuirii te poate face să vrei să-ți iei câmpii. Atunci se strecoară dezamăgirea în sufletul tău, poate împreună cu un sentiment foarte palpabil de singurătate și de suferință.

NU ESTE NEAPĂRAT VINA LUI.

Este vorba despre tine, despre faptul că renunți la fanteziile edulcorate, legate de căsnicie, care dansau în ochii tăi în ziua în care voi doi ați pozat pentru albumul de nuntă.

Abia acum afli că mariajul nu este o destinație; este o călătorie plină de exaltare și de plictiseală în egală măsură.

A te trezi dintr-un vis frumos și a vedea lumina crudă a dimineții poate să nu-ți pară motiv de sărbătoare. Dar poate fi.

Dacă și după ce te trezești din această feerie, după ce ai renunțat la acele povești ale extazului etern, ai încă toate motivele să rămâi lângă persoana pe care încă o iubești din tot sufletul, persoană care face eforturi ca și tine pentru bunul mers al relației, vei vedea că realitatea căsătoriei este mult mai bogată şi mai plină de satisfacţii decât ţi-ai imaginat vreodată.

Este greu, da. Este şi frustrant. Dar am încredere că această realitate este în egală măsură plină de farmec plăcut şi intens şi este mult mai bună decât toate poveştile cu zâne.

2. Am muncit mai mult decât mi-am imaginat vreodată.

La început, când oamenii spuneau „căsnicia înseamnă muncă”, credeam că munca se referă la a avea răbdare cu soţul atunci când uită să coboare capacul toaletei. În naivitatea mea, credeam că mă voi lupta să mă obişnuiesc cu vreun obicei supărător, cu faptul că el îşi pocneşte încheieturile sau cu tabieturile lui.

Ce bine era să fi fost aşa de simplu! Însă, după cum ai observat, oamenii nu sunt deloc simpli.

În cazul meu, am dat peste un soţ care nu muta niciun pai de colo până colo. Fusese băiatul mamei toată viaţa, deşi avea 30 de ani când s-a însurat.

Îi era prea greu şi să-şi pună furculiţa în chiuvetă, nu mai spun de farfurie, care deja era ceva avansat. Lăsa hainele murdare exact acolo unde se dezbrăca şi avea pretenţia să le găsească la locul lor, curate şi călcate.

Nici eu nu eram departe; iniţial, toată viaţa fusesem şi eu la fel de răsfăţată, dar a trebuit să mă adaptez la viaţa de soţie şi să muncesc ca o roabă zilnic. Uşor, uşor, acceptasem ideea că „aşa îi e sortit femeii.”

Îmi vârâse în cap tot felul de idei că femeia adevărată poate să le facă pe toate, iar eu voiam să fiu o femeie adevărată. Voiam să fiu considerată o soţie model şi mă străduiam din răsputeri să îi fac pe plac.

Nu ştiu de unde aveam atâta forţă să fac curăţenie în fiecare zi în ditamai casa cu două etaje, să îi gătesc zilnic câte ceva, pentru că domnului nu îi plăcea mâncarea reîncălzită, să îi calc zeci de cămăși. Uram să calc – și, în special, cămăși.

Apoi, când a venit și copilul, devenise totul de domeniul fantasticului. Aveam impresia că nici 10 Cenușărese nu reușeau să facă toată treaba într-o zi.

Dar la mine era un caz special și dus la extrem.

Ce trebuie să înțelegi este că bărbatul tău are profunzimi misterioase și întortocheate, iar, din punctul lui de vedere, și tu pari destul de complicată.

Trebuie să învățați să vă cunoașteți unul pe altul la fel cum ați învățat la școală geografia sau fizica. Iar, dacă v-ați căsătorit, nu înseamnă că s-a terminat, ci că ați promovat la studii aprofundate. Asta se întâmplă fiindcă, de fiecare dată când crezi că stăpânești bine materia, aceasta se schimbă. Și la fel se întâmplă și cu tine.

Pe măsură ce doi oameni cresc și evoluează, adevărata muncă din căsnicie este găsirea unui mod de a comunica unul cu altul și de a vă educa unul pe altul în acest proces.

Este ca atunci când ții o cură de slăbire. Vrei să faci asta numai o dată. Crezi că ai slăbit, apoi îți vezi de viață. Dar îți dai seama că este vorba despre un stil de viață. Așa e și în căsnicie. Efortul pe care îl faci trebuie să fie permanent.

Deci, nu fi prea dură cu tine – nici cu el – în acele zile în care ai impresia că te lupți să iei corigența la matematică.

3. Uneori te vei duce la culcare furioasă (și te vei trezi și mai furioasă).

Cine a inventat sfatul dat tinerelor cupluri „Să nu vă duceți la culcare supărați" nu știe cum se desfășoară lucrurile în dormitor, când lacrimile și acuzele zboară de colo până colo între soții năuci de somn, până în zori.

Dacă scenariul ți se pare cunoscut, ține minte trei cuvinte: întâi dormiți, apoi luați o decizie – sunt mai mult de trei cuvinte, dar ai prins ideea.

Trebuie să vă calmaţi amândoi. Trebuie să priviţi lucrurile mai în perspectivă. Trebuie, pur şi simplu, să luaţi o pauză.

O dispută de orice fel, ca şi un vin bun, are nevoie de timp ca să respire. O pauză te va ajuta să-ţi dai seama dacă eşti furioasă, dacă ţi-au fost rănite sentimentele sau şi una, şi alta, apoi să identifici cauza precisă.

Poate că cearta care stă să izbucnească – despre gunoiul care dă pe dinafară şi nu-l duce nimeni – se referă, de fapt, la sentimentul tău că te simţi subapreciată. Poate că, de fapt, sunteţi amândoi foarte stresaţi la serviciu şi simţiţi nevoia să vă descărcaţi pe cineva. Luând o pauză, aveţi ocazia să înţelegeţi astfel de lucruri şi să treceţi mai departe. Sau poate să vă daţi seama că aveţi o neînţelegere reală pe care trebuie să o lămuriţi.

Fără o astfel de pauză, uneori o dispută, cu un subiect precis și concret, se poate transforma într-un cerc fără sfârşit de certuri, în care sunt repuse pe tapet greşeli vechi și irelevante ale fiecăruia dintre voi, pe măsură ce spiritele se încing.

Chiar dacă reuşiţi să menţineţi discuţia la obiect, sunt unele certuri care se încăpăţânează să nu se termine la culcare.

Şi, dacă vă înăbuşiţi sentimentele pentru a respecta un termen arbitrar (ora de culcare, în acest caz), căsnicia voastră sigur nu se va îmbunătăţi.

4. Vei sta fără sex – uneori chiar perioade îndelungate –, dar e în regulă.

Vor fi multe momente și situaţii în care nu vei avea chef de sex – adesea din motive care nu au legătură cu el. Aş minţi să spun că el va accepta uşor situaţiile respective.

Dar realitatea este că sunt și multe nopți în care nici el nu are chef. Așa că pot trece câteva zile fără să faceți ceva. Apoi alte câteva. Apoi...

Perioadele fără sex sunt o parte naturală a căsniciei. „Seceta" nu este un semn că ți-ai pierdut nurii sau că nu veți mai face sex din nou. Poate însemna numai că, de exemplu, săptămâna asta somnul este mai important decât sexul.

Nu știu ce credeți voi, dar, între serviciu, alăptatul de la 3 dimineața, ședința cu părinții, meciurile de fotbal de la televizor și toate celelalte, uneori tânjim după somn la fel de mult.

Și nu te lăsa amăgită; nimeni nu face sex așa de des cum cultura populară ar vrea să ne facă să credem. În loc să-ți faci griji despre cât de mult sex ar „trebui" să faci, concentrează-te asupra scopului de a vă regăsi ritmul.

Cheia este să aveți grijă ca, deși nu faceți sex, să faceți totuși ceva – să vă atingeți, sărutați, îmbrățișați. Eu pot spune că mă topesc toată când mi se face masaj după o zi stresantă.

Poate că spatele este foarte departe de punctul G, dar acele momente de atingere și de atenție mențin conectați partenerii, chiar dacă nu au acea activitate sexuală care îți dă fiori pe spinare.

5. Faptul că obții ce vrei nu mai este atât de important ca găsirea unei căi să vă înțelegeți.

Mai precis, când este vorba despre anumite neînțelegeri, nu mai există corect și incorect, ci doar modul tău de a privi lucrurile și cel al soțului.

6. Îți vei da seama că singura persoană pe care o poți schimba ești tu.

Ai văzut cumva filmul ştiinţifico-fantastic din anii 1980 numit *Making Mr. Right*? Când eroina elegantă, jucată de Ann Magnuson, este angajată să învețe un robot cum să se poarte ca o ființă umană, ea are posibilitatea de a crea un bărbat perfect.

Foarte pricepută la afaceri, ea își folosește cunoștințele de marketing pentru a forma personajul android creat de John Malkovich conform versiunii ei personale a bărbatului ideal – sensibil, dornic de a face plăcere și foarte dispus să asculte.

Există un pic de fantezie creatoare în fiecare dintre noi – ceva ce ne face să credem că putem schimba persoana iubită, pentru a o aduce mai aproape de perfecțiune.

Putem folosi ajutorul și empatia sau strigătele și ultimatumurile, dar ne asumăm această responsabilitate cu convingere perseverentă, crezând că facem ceea ce trebuie.

Oricare ne sunt motivele, efortul este epuizant. Transformarea unui bărbat adult, dezbrăcându-l de niște obiceiuri, convingeri și credințe vechi de decenii, este, într-adevăr, o misiune imposibilă.

Şi vei ajunge să-ți dai seama, relativ devreme, dacă ai noroc, că este mult mai ușor să schimbi modul în care reacționezi la comportamentul lui.

7. Nu încerca să fii mereu o soție perfectă.

Este obositor și nici nu va aprecia, iar, în timp, vei aduna multe frustrări și sentimente mai puțin plăcute.

El zicea, de exemplu: „Vin la masă diseară la ora 8."
Eu mă chinuiam să îi pregătesc cina, voiam să fiu o soție bună și știam cât de important este pentru un bărbat ca soția lui să fie și o bună bucătăreasă.

Aşa că, deși nu mi-a plăcut niciodată să gătesc, făceam eforturi, căutam rețete, mergeam și cumpăram cele mai bune și mai proaspete ingrediente. Aranjam și pregăteam masa ca în filme şi, la început, mă mai chinuiam să îl aştept şi drăguţ îmbrăcată, parfumată şi curată.

Iar el ajungea la 12 noaptea. Azi aşa, mâine tot aşa... până când nu i-am mai făcut nimic. Şi apoi se plângea la mămica lui că eu sunt o leneşă şi că îl ţin flămând.

Fierbeam săptămâni întregi şi chiar mă lăsam cuprinsă de gânduri legate de divorţ. Mă gândeam că, dacă m-ar iubi – mult de tot –, nu ar face aşa ceva.

Şi chiar aşa era. Bănuielile mele au fost confirmate mult mai târziu. Mai multe cunoştinţe mi-au spus că îl vedeau cu diverse domnişoare noaptea târziu, la birou. Ăsta e cazul extrem.

Dar chiar şi când căsnicia merge strună, nu trebuie să dai totul, nu trebuie să uiţi de tine pentru el deoarece, în timp, se vor aduna multe frustrări şi, la un moment dat, vei exploda.

FEMEIA CARE SE SACRIFICĂ PENTRU BĂRBAT

Îmi doresc să nu trebuiască să treci prin ceea ce am trecut eu ca să înţelegi că fericirea familiei nu stă în sacrificiul femeii zilnic...

Mă întreb câte femei vor mai renunţa la ele de dragul celor din jur... Câte lacrimi vor mai curge pe obrajii femeii până când zâmbetul larg şi sincer va răzbi?

Primesc nenumărate e-mailuri de la voi, de la femeile din comunitatea femeiadesucces.ro, femei care încep să își dorească mai mult de la viața lor, femei care s-au trezit după o lungă perioadă în care au uitat de ele şi s-au sacrificat pentru alţii.

Am observat un tipar care se tot repetă în mai multe e-mailuri şi în care m-am regăsit şi eu acum câţiva ani. Le-am regăsit şi pe mama, şi pe vecina, şi pe mătuşa.

Dacă nu te regăseşti în tipar, cu siguranţă ştii pe cineva care este aşa... şi ceea ce vreau eu este să analizezi şi să eviţi greşelile pe care le fac atâtea femei.

Vreau să vorbim astăzi despre acel tipar, **despre minunata femeie romancă.**

Femeia romancă este o femeie care arată bine, se îngrijeşte, este cochetă şi preocupată de felul în care arată.

Se duce la serviciu, face cumpărături, are grijă de copii, face lecţii cu ei, se duce la şedinţe, iese cu ei în parc, spală, calcă, face mâncare, face prăjituri, îşi doreşte pentru copiii ei o viaţă sănătoasă, este educată în spiritul unităţii şi al familiei.

În timp, oboseala, lipsa de timp, numărul mare de responsabilităţi nu-i mai permit să se ocupe de ea, să fie cochetă. Kilogramele încep să se adune uşor-uşor.

Renunţă la pantofii cu toc şi la rochiile strâmte.

Deşi îşi doreşte să mai iasă cu prietenele, nu are timp sau nu are cu cine să-i lase pe copii ori, mai rău, nu o mai lasă nici soţul.

Femeia romancă este femeia bună la toate!

Femeia romancă renunţă la ea, se sacrifică pentru binele familiei, al copiilor. Asta înseamnă tristeţe, nefericire, depresie.

Bărbatul de lângă ea vede kilogramele, câteodată o şi critică, deşi nu-i permite femeii să meargă la sală (nu neapărat din lipsa banilor).

Eşti femeie măritată, ce-ţi mai trebuie?, spune bărbatul, spune mama soacră, spune mama, spun cei apropiaţi.

Se mai duce la un restaurant de 8 martie, atunci își pune rochia și pantofii, se mai duce la o nuntă și privește curioasă la femeile din jurul ei. Începe să se gândească. Femeile nemăritate sunt suple, frumoase, cochete, sexuale. Mai sunt și femei care și-au păstrat silueta și după măritiș.

Femeia măritată nu a murit! Își dorește să iasă cu prietenele ei, să se machieze, să fie cochetă, să danseze, să iasă la un local, să se plimbe, să se ducă la teatru.

Bărbatul se simte în siguranță, are ce și-a dorit și uită sau nu-l mai interesează nevoile femeii. Preferă televizorul. „Lasă, nevastă, că ne simțim bine și acasă."

Femeia, săraca, își pierde în timp veselia, își pierde zâmbetul de pe buze, își pierde energia și pofta de viață.

Frustrările și oboseala încep să se adune. Începe să refuze contactul cu o persoană care nu o ascultă.

Repet, nu este cazul fiecărei femei sau fiecărui cuplu din România, dar este un tipar și îl recunoaștem imediat.

La un moment dat, cu unele femei, se întâmplă o minune. Se produce un **declic.**

Fie pentru că începe chiar ea să caute o soluție pentru viața ei monotonă și nefericită, fie **soluția** îi este arătată de altă femeie care a făcut acest pas și acum este fericită.

Ce se întâmplă cu ea?

Se redescoperă, se reinventează, REÎNVIE!

Descoperă cât de bine îi stă o bluză nouă și mai modernă și că are sâni frumoși, de care ea este mândră acum.

Muncește din greu și începe să aibă și bani. Banii ei. Asta îi dă încredere în ea. Descoperă că se poate descurca și chiar se descurcă foarte bine.

Hmmm, oare la ce mă ajută bărbatul meu? Începe să învețe, să se autoeduce, să citească, să se documenteze;

începe să înţeleagă că există şi altfel de relaţii între bărbat şi femeie.

Îşi cumpără creme şi parfumuri, începe să aibă grijă de ea. Se uită în oglindă şi descoperă ceea ce uitase.

Este femeie!

Aşa că începe să-şi cumpere pantofi, rochii, se aranjează. Descoperă ce bună este mâncarea de la un local şi cât de bine te simţi când cineva atent şi drăguţ te serveşte.

Toate aceste transformări se văd pe ea. Radiază de fericire şi de mulţumire. Femeia română este mult mai puternică, mai inteligentă şi mai întreprinzătoare decât se crede.

Realizează că ani la rând nu a făcut nimic pentru ea. Acum face şi se simte bine. Chiar toată lumea a uitat că are şi ea nevoi, dorinţe, visuri? Se pare că da.

Şi, odată cu această transformare, se mai întâmplă ceva: transformarea asta îi atrage pe bărbaţi. Şi ea începe să-i descopere. Vede că bărbatul este atent, flirtează cu ea, îi face curte. Descoperă o altă relaţie cu un alt tip de bărbat.

Îşi doreşte un bărbat care să o încurajeze să fie feminină şi sexy, care nu-i interzice să iasă cu prietenele, care este galant şi elegant, o invită la cină, dându-i posibilitatea să-şi poarte rochia şi pantofii cumpăraţi.

Femeia se schimbă, creşte, se dezvoltă.

În acel moment, dacă partenerul său nu evoluează în acelaşi ritm cu ea, se produce o ruptură în cuplu.

Bărbatul intră în panică, nu ştie cum să răspundă acestor schimbări radicale.

Descoperă brusc o femeie atractivă şi sigură pe ea. Descoperă imediat că este înconjurată de foarte mulţi bărbaţi, cu care el nu poate intra în competiţie.

Bărbatul ăsta crede despre sine că este bărbatul suprem, deşi el nu are motive reale să se simtă aşa.

De ce? Totul pleacă de la educaţia primită în familie. Cei dezgheţaţi înţeleg repede ce se întâmplă, înţeleg schimbarea şi se mişcă odată cu ea, ceilalţi rămân ancoraţi în educaţia pe care au primit-o în copilărie: **Bărbatul e ŞEFUL, femeia la cratiţă.**

Bărbaţii ăştia se despart de partenerele lor. Ea rămâne aceeaşi mamă grijulie, femeie iubitoare şi bună gospodină, doar că acum descoperă că trebuie să se ocupe şi de ea. Poate o şi face! Asta o face fericită :) ca femeie, ca mamă, ca iubită, ca amantă.

La un curs, am cunoscut nişte englezoaice. Timp de patru ore nu am reuşit să-mi iau ochii de la ele. Erau impecabile. Frumoase, discret machiate, femei inteligente, educate, femei alături de care este o plăcere să stai. Iar îmbrăcămintea era senzaţională :)

Purtau fuste şi rochii scurte. Bluze care lăsau la iveală un corp frumos, sâni frumoşi, părul liber. La un moment dat, şi-au spus vârsta. 52–55 de ani. Din acel moment le-am privit de sus până jos.

Femei măritate, trei copii, femei obişnuite, dar care arătau ca desprinse de pe copertele revistelor. Femei cochete, delicate, îngrijite. Spuneau că merg la sală, la spa şi că au grijă în permanenţă de autodezvoltarea lor.

O femeie de 55 de ani este aptă pentru sex. Nu moare în ea dorinţa de sex, nu dispare feminitatea.

Câte femei de 55 de ani din România vedem că poartă rochii scurte?

Câte femei se duc la sală?

Care este rolul femeii trecute de 50 de ani în România?

Să se ocupe de nepoţi, a ieşit la pensie, are timp destul, se plictiseşte şi, decât să stea la telenovele, mai bine stă în parc cu nepoţii.

Câte cupluri de români vedem în localuri în România? Sau la dans, la petreceri care să nu fie nunta verişoarei sau a lui X care a venit la nunta respectivului cuplu?

E absolut normal să stai cu nepoţii.

Îşi doreşte femeia de 55 de ani din România să se ducă la sală? Să aibă atâta încredere în ea încât să-şi pună o bluză care să-i scoată sânii în evidenţă? Să poarte blugi strâmţi şi pantofi cu toc, să râdă şi să-şi dea capul pe spate? Îşi doreşte să se ducă la dans?

Femeia romancă îmbătrâneşte de timpuriu. Se plânge că a trecut viaţa pe lângă ea, că nu a fost fericită. Se bucură de copiii ei mari, frumoşi şi inteligenţi, dar se uită cu regret spre ea.

Îşi doreşte să fie respectată, iubită, să aibă libertate. Nicio femeie nu pleacă de nebună de acasă în căutarea unui alt bărbat dacă ea este implicată într-o relaţie plină de dragoste şi de respect.

Când aceste două elemente lipsesc, ea pleacă. **Nu pentru un alt bărbat, aşa cum cred bărbaţii. Pleacă pentru ea.**

Evident că încrederea și siguranța pe care ea le capătă îl vor atrage pe bărbatul care să o înțeleagă și să o prețuiască.

Femeile sunt la fel peste tot, au aceleași dorințe.

În România, femeia nu are curajul să se exprime aşa cum îşi doreşte, nu are libertatea să o facă. Îi este greu şi să recunoască faptul că şi-ar dori asta.

Şi nu vorbesc din cărţi, vorbesc din fapte reale, din e-mailurile pe care bietele femei mi le trimit într-un moment în care îşi dau voie să se exprime în spatele unui monitor, încercând să găsească o scăpare de la viața lor monotonă.

Trebuie să mai lăsăm televizorul şi revistele de scandal şi să ne preocupăm de dezvoltarea noastră.

Trebuie să învățăm să ne deschidem mintea şi sufletul şi să ne schimbăm mentalitatea. Şi să îi ajutăm şi pe cei din jur să şi-o schimbe.

Uşor, uşor, ne îndreptăm în direcția în care trebuie.

Avem cursuri de dezvoltare personală, cursuri pentru femei şi bărbați, există consilieri pe probleme sexuale, de relaționare, de parenting.

Bărbații sunt învățați ce înseamnă să fii tată, mămicile sunt pregătite pentru naştere şi pentru perioada de după naştere. Nimeni nu se naşte învățat să fie părinte. Până acum se presupunea că ştii şi, dacă nu ştii, să te învețe bunica.

Lumea s-a schimbat. Ce era valabil acum 50 de ani nu mai este valabil acum, de aici şi conflictele între generații.

Bărbații trebuie să fie învățați să descifreze şi să înțeleagă nevoile şi dorințele femeilor, iar femeile pe ale bărbaților, căci şi bărbatul are dorinţe şi nevoi care trebuie împlinite.

Domnilor bărbați români, femeia româncă vrea un bărbat care să arate bine, să nu-i fie jenă să iasă cu el pe stradă, inteligent, puternic şi bun la pat.

Da, şi bărbatul are voie să se îngrijească, să meargă la sală, să nu mănânce la orice oră o ceafă de porc cu cartofi prăjiți, să se îmbrace bine.

Nu înseamnă că eşti mai puțin bărbat dacă respecți femeia.

Femeile îşi doresc să fie îmbrățişate. De multe ori, chiar dacă au probleme, ele le pot rezolva şi singure.

Ce îi cer bărbatului? Să le asculte, să le ia în braţe, să nu fie superior, arogant sau lipsit de empatie.

Trebuie să înţelegem că bărbatul şi femeia sunt diferiţi, avem nevoie unii de ceilalţi, dar trebuie să învăţăm să ne respectăm emoţiie şi dorinţele.

Să ne respectăm, să ne ascultăm, să nu aruncăm cuvinte fără să gândim. Cuvintele dor.

Încă o dată simt nevoia să specific că nu este cazul tuturor femeilor din România şi nici al tuturor cuplurilor.

Am vorbit doar despre un anumit tipar, tipar pe care l-am întâlnit des în viaţa de zi cu zi şi în e-mailurile de la voi.

6 paşi simpli pentru a-ţi recăpăta încrederea şi a te reîndrăgosti de tine:

1. Ia o foaie şi un pix şi scrie cum visezi să fie viaţa ta. Cum ţi-ai dori să te vezi, dacă ai putea să îţi scrii singură scenariul vieţii?

2. Începe măcar cu 10 minute de mişcare pe zi acasă, în cazul în care nu îţi găseşti timp pentru a merge la sală, la dansuri, tenis etc.

3. Găseşte timp pentru activităţi care îţi fac plăcere: o carte bună, o baie cu spumă, tratamente de înfrumuseţare etc.

4. Nu se întâmplă nimic dacă într-o zi nu ai chef să faci curăţenie şi mâncare şi te duci la o cafea cu prietenele. Ba chiar vei veni plină de energie şi altfel vei putea face treburile după aceea sau a doua zi.

5. Investeşte în tine, în educaţia ta, în sănătatea ta, în energia şi în buna ta dispoziţie. Sunt bunurile tale cele mai de preţ şi pe care nu ţi le poate lua nimeni.

6. Îndrăzneşte să fii tu, să te exprimi liber, să fii frumoasă şi ia-ţi viaţa în propriile mâini. Doar o viaţă avem şi nu ne-o va da nimeni înapoi.

Trăieşte fiecare zi cu bucurie!

Împreună pentru o lume a femeii mai bună. **Schimbarea trebuie să înceapă cu fiecare dintre noi.**

Lupta împotriva acestei discriminări trebuie să înceapă de acolo, din mica celulă: familia. Deoarece celulele reunite formează mai apoi organismul: societatea.

Dacă celula de la bază este bolnavă, nici organismul nu funcţionează cum trebuie. Între celule, ca în orice organism, trebuie să fie o permanentă interdependenţă.

Organismul, la rândul lui, trebuie să genereze legi, „corecţii" care să armonizeze relaţiile dintre celule şi chiar relaţiile din interiorul ei.

Ştiu că meriţi tot ce e mai bun şi ştiu că ai toate resursele să faci asta. Şi eu te voi ajuta să le descoperi.

DE CE SE CĂSĂTORESC OAMENII?

Un bărbat urma să se căsătorească, iar cineva l-a întrebat: „Ai fost întotdeauna împotriva căsătoriei. Cum se face că ţi-ai schimbat părerea?"

Omul a răspuns: „Se apropie iarna şi se pare că va fi una foarte friguroasă. Costurile cu încălzirea mă depăşesc, iar o nevastă mi se pare mai ieftină."

Din păcate, căsnicia este, de multe ori, privită ca un schimb de avantaje. Majoritatea oamenilor trăiesc alături unii de alţii, dar nu se iubesc cu adevărat. Se iubesc atât timp cât pot obţine anumite beneficii de pe urma iubirii lor.

Cum poţi iubi pe cineva dacă aştepţi să obţii ceva de pe urma lui? Iubirea a devenit o marfă. Ea nu mai este o relaţie, o prietenie, o celebrare.

Nu suntem cu adevărat fericiți împreună. Cel mult, noi ne tolerăm unii pe alții. Iar atunci când gândești în termeni de toleranță, viața împreună devine suferință. Celălalt îți face probleme, iar tu îți pierzi libertatea și fericirea.

Viața în cuplu devine o rutină, ceva ce trebuie tolerat. Dacă vă tolerați reciproc, cum ați putea cunoaște frumusețea vieții în cuplu? Este imposibil.

Căsnicia ar trebui să însemne celebrarea vieții în cuplu. Ea nu se reduce la un certificat. Niciun oficiu de la primărie nu vă poate dărui o căsnicie, niciun preot nu vă poate face acest dar.

Căsnicia înseamnă o revoluție uriașă în planul ființei, o imensă transformare a modului de viață, care nu se poate petrece decât dacă celălalt nu mai e pur și simplu celălalt.

Cei doi nu mai sunt doi, între ei a apărut o punte, au devenit unul, dintr-o anumită perspectivă. Din punct de vedere fizic, rămân doi, dar, în ceea ce privește ființa lor interioară, au devenit unul. Poate că sunt cei doi poli ai existenței, dar existența lor este una singură. A apărut o punte.

Aceasta este logica. Trăim unii cu alții, deoarece este mai confortabil, mai convenabil, mai ieftin.

Să trăiești singur este, într-adevăr, dificil: o nevastă îți poate aduce atât de multe lucruri. Îți poate face menajul, îți poate găti, poate fi o slujitoare, o îngrijitoare și multe altele. Ea reprezintă cea mai ieftină mână de lucru din lume. Face atâtea lucruri, fără să fie plătită deloc. Totul este doar o formă de exploatare.

Căsnicia este o formă de exploatare, nu un act de comuniune. De aceea, ea nu conduce în mod normal la fericire. Nu are cum. Cum s-ar putea naște floarea nectarului din rădăcinile exploatării?

***Viața în cuplu* – Osho**

GREŞELILE CARE SE FAC ÎN CUPLU

Odată cu trecerea timpului, frumoasele sentimente ale stării de graţie încep să se erodeze, autentica personalitate a fiecărui partener reapare şi se reafirmă.

Începem să îl vedem pe celălalt aşa cum este, observăm că nu este tocmai aşa cum îl credeam, ba este chiar diferit. Decepţiile încep să distrugă relaţia care, până nu de mult, era perfectă.

În timp, fiecare se va elibera de imaginile pe care şi le făcuse despre partenerul său şi va încerca să îşi recapete adevărata identitate. Acest lucru poate conduce la apariţia conflictelor şi a certurilor.

Este nevoie de curaj pentru afirmarea propriei autenticităţi, chiar cu riscul de a nu mai fi agreaţi sau chiar de a fi părăsiţi.

Acceptarea realităţii, trezirea din propriul vis şi acceptarea celuilalt aşa cum este, inclusiv cu defectele lui, pot salva cuplul, adevărata iubire făcându-şi loc, de data aceasta, pe temeiul unor elemente reale.

Dorinţa tinerilor îndrăgostiţi de a deveni similari, prin copierea atitudinilor, felului de a gândi, limbajului, apropierea de emoţiile şi de gândurile celuilalt conduc, treptat, la dispariţia propriei identităţi, renunţând la aşteptările personale şi uitând de propriile plăceri, limitând expresiile personale. Cei doi copiază unul de la celălalt ceea ce le place mai mult. Trăind împreună, partenerii sfârşesc, spontan, prin a se asemăna.

Tot ce ne atrăgea odată dispare din cauza contopirii reciproce. Dorinţa de a-l cunoaşte pe celălalt, de a-l asculta, de a ne face cunoscuţi, excitaţia sexuală, tot ce constituia motorul relaţiei se stinge treptat în absenţa diferenţei.

Asemănarea dintre parteneri va determina, până la urmă, căutarea în afara cuplului a unei persoane diferite, care să nu coincidă cu sine.

Diferenţele care apar în relaţia de cuplu nu pot fi decât benefice, tocmai aceste diferenţe stârnesc atracţia, curiozitatea şi dorinţa. Găsirea şi păstrarea propriei identităţi fac ca fluxul iubirii să nu se oprească.

Dezvoltarea propriei intimităţi, prin crearea unui timp personal şi activităţi private, concentrarea asupra propriei persoane, preocuparea pentru propria stare de bine vor conduce la sporirea intimităţii între două individualităţi distincte, puternice şi independente.

Cedarea propriei libertăţi celuilalt conduce la pierderea personalităţii, aşa cum am făcut eu. Dependenţa izvorâtă din nevoia de a fi iubit neîntrerupt şi necondiţionat nu face decât să-l epuizeze şi să-l sufoce pe partener.

Posesivitatea îl transformă pe partener în proprietatea noastră.

Stadiul critic este cel în care divergenţele de gust, de gândire, de obiceiuri vor genera opoziţii, ostilitate, conflicte şi resentimente.

În acest stadiu, izbucnesc o serie de frici venite din teama faţă de un viitor nesigur şi imprevizibil, din înstrăinarea faţă de partener, care devine o persoană de nerecunoscut, din durerea provocată de nevoile afective, neîmplinite şi de frustrările sexuale, din îndoiala faţă de propria valoare.

Toate aceste frici pot redeschide răni păstrate în noi încă din fragedă copilărie, când părinţii noştri nu au răspuns nevoilor noastre de iubire sau de apreciere, când am fost, poate, părăsiţi chiar şi pentru un moment, când nu am primit tandreţea aşteptată ori lauda sperată.

Evoluţia va determina cuplul să treacă de la vechea intimitate la una nouă.

Criza oferă prilejul de a ajunge la adevărata iubire, construind o altă formă de relaţie. Pentru aceasta este nevoie, mai întâi de toate, să devenim o entitate distinctă, plină şi autonomă, să ne dezvoltăm pe deplin personalitatea.

Cu cât fiecare dintre parteneri va fi mai distinct şi mai împlinit, cu atât interesul celuilalt se va menţine, iar dorinţa va fi mai activă. O asemenea relaţie va fi una adevărată, bogată şi temeinică.

Căpătarea propriei identităţi se realizează prin dobândirea propriei autonomii – trăind pentru noi, pentru a fi fericiţi, oferindu-ne răgaz pentru noi, un spaţiu al nostru, implicându-ne în diverse proiecte personale. Acest lucru nu înseamnă ignorarea celuilalt şi trăirea într-o independenţă totală.

Îndrăgostiţii autonomi continuă să aibă multe de împărtăşit, fiind legaţi unul de altul la un nivel mult mai profund, bucurându-se de intimitate fizică şi psihică, participând la diverse proiecte comune.

Iubirea autentică înseamnă să-l ajutăm pe celălalt să se împlinească, să-i respectăm libertatea, să protejăm relaţia şi să avem grijă de ea.

O minte imatură va arunca întotdeauna responsabilitatea asupra celorlalţi.

Te simţi nefericită şi eşti convinsă că este din cauză că cei alături de care trăieşti îţi fac viaţa un iad?

Când spun maturitate, mă refer la o anumită integritate interioară. Aceasta nu va apărea decât atunci când vei înceta să-i mai faci pe alţii responsabili pentru suferinţele tale, când vei începe să înţelegi că tu eşti singura responsabilă pentru ele.

Acesta este primul pas către maturitate: **eu sunt responsabil. Orice s-ar întâmpla, eu sunt vinovat.**

Dacă te simţi tristă, pune-ţi întrebarea: „a cui este vina?" Dacă accepţi că responsabilitatea este a ta, mai devreme sau mai târziu, vei înceta să faci foarte multe lucruri pe care le faci la ora actuală.

În fond, aceasta este esenţa străvechii teorii a *karmei*. Tu eşti singura responsabilă şi tot tu eşti singura care poate schimba lucrurile.

Încetează să mai spui că societatea este responsabilă, că părinţii tăi sunt de vină, că situaţia economică te-a adus în această stare; nu mai arunca responsabilitatea asupra altora.

Tu eşti singura responsabilă.

La început, ţi se va părea o povară, căci acum nu vei mai putea arunca vina pe altcineva. Dar trebuie să ţi-o asumi...

Cineva l-a întrebat pe Mulla Nasruddin: „De ce eşti atât de trist?"

Mulla a răspuns: „Soţia mea a insistat să nu mai joc cărţi şi alte jocuri de noroc, să nu mai fumez şi să nu mai beau. Am renunţat la toate aceste lucruri."

Omul a spus: „Soţia ta trebuie să fie foarte fericită acum."

Nasruddin: „Tocmai asta e problema. Acum nu mai are de ce să se plângă, aşa că este foarte nefericită. Începe să vorbească, dar nu are de ce să se plângă. Acum nu mă mai poate face responsabil pe mine pentru nefericirea ei. Credeam că, dacă o să renunţ la toate aceste lucruri, o voi vedea mai fericită, dar a devenit mai nefericită decât oricând."

CONCLUZII

- ✓ Nu există scuze pentru o viață trăită la întâmplare. Poți căuta să-ți îndeplinești confortul fizic în fiecare zi a vieții tale, însă, dacă nu faci un pas mai departe și nu descoperi ce îți animă spiritul, vei căuta o viață întreagă fără să știi ce.
- ✓ Nu toate poveștile de dragoste se încheie cu „și au trăit fericiți până la adânci bătrâneți."
- ✓ Dacă se întâmplă să treci printr-o experiență neplăcută în căsnicie sau în cuplu, nu te complace în situație... nu accepta prea multe, nu face compromisuri la nesfârșit... mai ales dacă nu ai pentru cine.
- ✓ Ai încredere în tine și mergi mai departe. Se poate trece peste o despărțire, chiar dacă ai unul sau mai mulți copii, chiar dacă ești foarte tânără și chiar dacă ai trecut de prima tinerețe. Nu ai casă? Nu ai un serviciu? Nu contează! Soluții se găsesc la orice problemă.
- ✓ Fericirea familiei nu stă în sacrificiul femeii zilnic.
- ✓ Dezvoltarea propriei intimități, prin crearea unui timp personal și activități private, concentrarea asupra propriei persoane, preocuparea pentru propria stare de bine vor conduce la sporirea intimității între două individualități distincte, puternice și independente.
- ✓ Cedarea propriei libertăți celuilalt conduce la pierderea personalității, așa cum am făcut eu.
- ✓ Dependența izvorâtă din nevoia de a fi iubit neîntrerupt și necondiționat nu face decât să-l epuizeze și să-l sufoce pe partener. Posesivitatea îl transformă pe partener în proprietatea noastră.

- ✓ Cu cât fiecare dintre parteneri va fi mai distinct şi mai împlinit, cu atât interesul celuilalt se va menţine, iar dorinţa va fi mai activă. O asemenea relaţie va fi una adevărată, bogată şi temeinică.
- ✓ Iubirea autentică înseamnă să-l ajutăm pe celălalt să se împlinească, să-i respectăm libertatea, să protejăm relaţia şi să avem grijă de ea.

PAŞI DE ACŢIUNE

1. De ce te sacrifici pentru partener?

a) Vreau să elimin situaţiile conflictuale.

b) Vreau să mă simt utilă.

c) Îmi place să le fac pe plac celorlalţi.

d) Nu pot să îl refuz.

e) Mi-e teamă de consecinţele unui refuz.

f) Nu sunt fericită cu ce fac, dar nu văd altă soluţie.

g) Alt motiv.

Dacă afli răspunsul la această întrebare, vei reuşi să îţi înţelegi motivaţia şi vei putea găsi o soluţie mult mai uşor.

2. Cum ai putea să foloseşti timpul şi energia pe care le consumi atunci când te sacrifici pentru partener?

....

....

....

....

....

3. Cum ar fi viața ta dacă nu te-ai mai sacrifica pentru cei din jur?

....

....

....

....

....

Tehnica „când-simt-vreau" este extrem de eficientă pentru îmbunătățirea comunicării din relație.

Fie că ești la birou, fie că ești acasă, o bună comunicare este importantă. Această tehnică te va ajuta să exprimi în mod clar ceea ce vrei.

Exemplu:

Când vii acasă de la serviciu dispari în biroul tău.

Mă simt ignorată și neiubită.

Vreau să mă întrebi cum a fost ziua mea și să mă iei în brațe.

Când am o problemă de serviciu.

Mă simt tensionată.

Vreau ca tu să mă înțelegi, să devii mai atent la asta și să nu adaugi și tu tensiune.

Acum este rândul tău:

Când

....

....

....

Mă simt

....

....

....

Vreau

....

....

Propune-i partenerului să își exprime și el sentimentele cu ajutorul acestui exercițiu. Vei rămâne surprinsă de câte are și el de spus.

Puteți începe acest exercițiu în scris. Este mult mai ușor.

CAPITOLUL IV

MATERNITATEA ȘI FEMINITATEA

CUM M-A SCHIMBAT MATERNITATEA?

De la Femeie la Mamă, parcursul urmează câteva etape deosebite, fiecare cu farmecul, problemele şi sensul său: Feminitate – Maternitate – Maternalitate.

Feminitatea deschide o cale dublă către maternitate: autorizează femeia să aibă sentimente materne şi îl determină pe bărbat să contribuie la acest aspect.

Calea secretă de întoarcere la origini, dincolo de propria copilărie timpurie, capătă sensuri depline.

Noţiunea de maternitate se referă la relaţia mamă–copil ca un tot fiziologic, emoţional şi sociologic, relaţie care începe cu conceperea copilului şi care continuă pe toată durata sarcinii, naşterii, alăptării şi îngrijirii.

Instinctul matern are o origine biologică, chimică, iar formele sale primitive sunt mascate de conţinuturile psihologice.

Dragostea maternă este expresia afectivă directă a relaţiei pozitive cu copilul, iar trăsătura sa dominantă este tandreţea.

Spiritul matern înseamnă, pe de o parte, „un ansamblu caracterologic particular care impregnează întreaga personalitate a femeii" şi, pe de altă parte, „fenomenele emoţionale care par a fi în relaţie cu slăbiciunea copilului, cu nevoia sa de ajutor."

Interesant este că atât agresivitatea, cât şi senzualitatea existente în personalitatea femeii sunt suprimate de spiritul matern.

Psihanalista Helen Deutsch definește „interacțiunea armonioasă dintre tendințele narcisice și aptitudinea masochistă de a suporta suferința de a da și a iubi drept o caracteristică a femeii feminine."

Monique Bydlowski, o altă psihanalistă, consideră că „adolescența feminină se încheie doar odată cu prima naștere", chiar dacă această primă naștere este o naștere târzie.

Copilul este o mare șansă pentru fiecare mamă, a cărei muncă abia începe odată cu nașterea și nu ar trebui niciodată să fie confundată cu sacrificiul; sacrificii vor trebui făcute, însă cu seninătate – doar în acest caz se pot numi sacrificii, atunci când sunt însoțite de iubire, dăruire și bucurie.

Când lipsesc seninătatea, bucuria, iubirea și dăruirea, sacrificiile vor fi doar datorii îndeplinite și consecințele lor vor fi vizibile în planul relațiilor dintre mamă și copilul/copiii săi.

Până la nașterea copilului său, mama este o femeie obișnuită, cu o existență și roluri total diferite de noua sa calitate dobândită prin sarcină și naștere: aceea de mamă.

Atunci când o femeie naște, ea renaște, mergând înapoi la propria naștere și chiar dincolo de ea. O femeie ce naște se află într-o stare de „creație": ea se naște pe sine însăși, naște copilul, naște o lume, naște un univers.

Nașterea mamei are loc odată cu nașterea copilului, creșterea copilului are loc simultan cu creșterea mamei. Privind în ochii copilului său, mama privește în propria ființă.

Prin intermediul copiilor, viața oricărei mame ar trebui să capete o notă specială – amprenta creației –, înnobilând-o pe femeie cu spiritul matern, transcendând biologicul și transformându-l în iubire necondiționată.

Noi, femeile, suntem precum florile. Ne naștem sub formă de sâmbure, ne cresc frunzele timpuriu și undeva, pe la sfertul vieţii, îmbobocim. Dar, pe măsură ce ne înfloresc bobocii, ne ofilim încet, aproape pe nesimţite. Dacă nu avem roua dimineţii care să ne învioreze mintea, ne uscăm, deşi rădăcina e vie.

Mai sus a fost o introducere metaforică a faptului că, odată cu o căsnicie stabilă, vine şi ofilirea femeii.

Am văzut femei de o frumusețe răvășitoare care, odată cu schimbarea statutului de femeie fără griji în cel de mamă, s-au transformat în doamne grăsuțe și incolore, pentru care bebelușul lor reprezintă miezul Universului, cheia evoluției omenirii. Trup și minte, ambele atrofiate.

Nu zic că e ceva greşit în a te dedica copilului tău și în a-i oferi dragoste și atenție, însă nu trebuie să uiți de tine, draga mea zeiță!!! Pentru că asta ești, o zeiță, o frumoasă și o eroină.

Mi-aş dori ca, la prima şuviță de păr albită, cineva să mă tragă de mânecă așa cum te trag și eu pe tine și să îmi spună: „Ești femeie, revino-ţi! Iubeşte-ţi bobocii, dar nu uita că și ei înfloresc strâmb dacă tu-ţi baţi joc de trupul și de mintea ta."

Experienţele din timpul sarcinii îşi pun amprenta atât asupra mamei, cât și asupra copilului. Și, tocmai de aceea, este important ca perioada sarcinii să fie trăită conştient şi liniştit de către ambii parteneri. Trebuie să vă bucurați și să trăiți această perioadă frumoasă la adevărata ei valoare.

La mine a fost cea mai agitată perioadă, în care am plâns cel mai mult. Nu e de mirare că David este hiperactiv și, în primul an de viață, nu a vrut decât ținut în brațe. Și m-a trezit de 2-3 ori pe noapte până la vârsta de doi ani și jumătate.

La mine răul a fost deja făcut, măcar tu, viitoare mămică, să ai grijă să nu te agiţi, să nu te superi, să ai o viaţă activă şi veselă, dar cât mai liniştită psihic şi cu cât mai puţine supărări (pe cât posibil).

De obicei, sarcina o pune pe viitoarea mămică faţă în faţă cu aspecte nerezolvate care ţin de relaţia cu mama sa, apoi cu aspecte care ţin de feminitate şi de maternitate.

Sarcina şi naşterea implică profunde schimbări emoţionale şi fizice, care pot genera sentimente ambivalente faţă de copil, faţă de partenerul de viaţă şi frica de a nu face faţă sarcinii.

De cele mai multe ori, mămica proiectează asupra copilului, încă din stadiile timpurii ale sarcinii, diferite imagini care, în realitate, nu au nicio legătură cu copilul real.

O soluţie pentru înlăturarea temerilor şi gândurilor din timpul sarcinii este conştientizarea tiparelor de gândire care distorsionează comunicarea din inimă dintre mămică şi bebele nenăscut.

Trăirea conştientă a sarcinii uneşte inima cu uterul şi corpul cu spiritul, astfel diminuându-se teama şi crescând legătura dintre mamă şi făt.

Relaţia cu copilul începe din momentul în care femeia începe să se gândească şi să îşi dorească un copil, iar uterul este prima „locuinţă" a bebeluşului, este locul unde bebeluşul cunoaşte Totalitatea, cunoaşte acel Acasă – prin intermediul respiraţiei, emoţiilor, mişcărilor şi bătăilor inimii mamei.

Se spune că, de-a lungul perioadei în care suntem în burtica mămicilor noastre, toţi suntem yoghini: suntem extrem de flexibili şi experimentăm stări extatice, chiar se poate spune că toate poziţiile din Yoga (asanele) nu sunt decât încercări de a reveni la flexibilitatea şi la Totalitatea perinatală.

Fătul a început călătoria încă de la concepţie, iar mama nu vede nimic. **Este o călătorie ascunsă, cea mai lungă şi mai importantă călătorie a omului,**

de la invizibil către vizibil, iar Mama este „poarta" prin care intrăm în această lume.

Paracelsus, un medic din secolul al XVI-lea, a scris la un moment dat: **„femeia este un artist al imaginației, iar copilul din uterul ei este pânza pe care ea își pictează tablourile."**

Ce frumos...

În decursul sarcinii, la mamă se activează o serie de procese intrapsihice, ea gândindu-se la copilul său prin prisma imaginarului, a fantasmei, a mitului și a propriului narcisism.

Este bine ca mama să cunoască aceste aspecte, pentru ca nașterea și primul contact cu bebelușul să fie cât se poate de firești, de naturale și să nu întâmpine blocaje care ar afecta dezvoltarea psiho-emoțională a bebelușului.

CUM MI S-A SCHIMBAT VIAȚA DE CÂND A APĂRUT DAVID

Este greu de crezut că deja au trecut mai mult de trei ani de la momentul care mi-a schimbat viața pentru totdeauna!

Maternitatea m-a transformat total, viața mea s-a schimbat complet de când am devenit mămică.

În perioada sarcinii, mi-am făcut foarte multe griji și îmi era destul de teamă de ceea ce va urma după momentul venirii pe lume a micuțului meu. Aveam atâtea întrebări fără răspuns, atâtea îndoieli în privința „abilităților" mele de mămică.

După primele luni de frământări și griji, a urmat o altă perioadă. Pe măsură ce minunea mea creștea în burtică și îl simțeam cum dădea din mânuțe și din piciorușe, legătura dintre noi devenea din ce în ce mai puternică. Aflasem deja că e băiețel, știam că îl va chema David și îi vorbeam zilnic.

Îmi dau și acum lacrimile când îmi amintesc cât de emoționante erau momentele acelea... Eram din ce în ce mai nerăbdătoare să îl țin în brațe, să îi văd fățuca, să îl aud.

Transformările au început încă de atunci.

Motivația de a mă schimba

Deși inițial îmi era teamă că va trebui să renunț la multe dintre lucrurile pe care le făceam, că va trebui să renunț la stilul liber de viață, mi-am dat seama apoi că un copil se poate plia foarte bine în viața mea dacă fac anumite schimbări.

Din acel moment, mi-am dat seama că trebuie să lucrez pentru un nou stil de viață, pentru că atât eu, cât și el meritam tot ce e mai bun. Asta mă motiva.

Știam că, orice aș face, va trebui să încep cu MINE. Și, astfel, autoeducarea a devenit o prioritate pentru mine din acel moment.

Citisem și până atunci cărți de dezvoltare personală, însă acum, efectiv, devoram carte după carte, ca și când intrasem pe ultima sută de metri: copilul meu avea să vină pe această lume în câteva luni și eu trebuia să fiu pregătită.

Citeam cărți de dezvoltare personală, de îngrijire și creștere a copilului, de nutriție, mă înscrisesem pe forumuri de mămici, știam tot ce e mai bun în materie de produse pentru bebeluși etc.

O viață nouă

A sosit și momentul mult așteptat!.

Când l-am văzut pentru prima dat[illegible] adevărat ce înseamnă MIRACOLUL VIEȚII[illegible]

Când am ținut acea ființă micuță [illegible] degețelele ca niște scobitori, nu încetam să [illegible]nunez de cât de grozavă poate fi viața.

Această senzație a schimbat modul cum vedeam lumea din jurul meu, în special natura. Acum mi se întâmplă des să mă opresc din drum doar pentru a admira un copac frumos sau vârfurile munților acoperite de zăpadă și să exclam „Uau, ce uimitoare este natura!”

Am devenit conștientă de fragilitatea vieții mele: îmi amintesc că mă duceam spre casă, singură, la câteva luni după ce s-a născut David, și am început să meditez la noua mea viață, la schimbările care s-au produs de la venirea micuțului pe lume.

Aveam atâtea emoții, dar cel mai mult mă gândeam la sfârșitul meu, ce avea să vină într-o zi, și la faptul că acum cineva depinde de mine și trebuie să am grijă. Nu m-am simțit niciodată atât de vie și atât de vulnerabilă, în același timp. Conduceam extrem de prudent, știind că viața mea are un nou sens acum.

Un nou sens

Am menționat mai devreme în carte că îmi doream ceva mai mult de la viață. Acum realizez că ceea ce căutam era un sens și în David l-am găsit.

Asta nu înseamnă că este obligatoriu să ai un copil pentru ca viața ta să aibă sens sau că a fi mamă îmi definește existența în totalitate.

Dar această experiență m-a ajutat să înțeleg ce minunat este să trăiești pentru un scop, iar acum, orice aș exemplu, când scriu pe blog sau mă ofer voluntar ntru ceva), am același sentiment că fac totul cu un rost.

Mă simt conectată la întreaga lume

Mereu m-am considerat diferită oarecum de ceilalți, iar asta mă făcea să mă simt deconectată de lumea din jurul meu. Dar David m-a conectat la viitorul meu și, din acest motiv, acum îmi pasă mai mult decât oricând de soarta omenirii și a lumii în care trăim.

Indiferent dacă e vorba despre mediul înconjurător sau despre politică, acum îmi dau seama că ceea ce facem noi pe această planetă va afecta viitorul fiilor și fiicelor noastre și al nepoților noștri.

Dorința de a schimba ceva: deoarece acum simt o strânsă legătură cu lumea în care trăiesc, vreau să fac o schimbare pozitivă. Nu este o coincidență că am început acest blog la puțin timp după nașterea lui David. Văd în acest site o manifestare a noii mele chemări de a-i ajuta pe oameni, de a le ajuta pe femei să-și îmbunătățească viața.

SARCINA — PERIOADA CÂND OGLINDA SE TULBURĂ

A duce o sarcină la termen înseamnă a-ți asuma tulburarea oglinzii. Nu este ușor să te vezi cum crești și te umfli și să nu știi când te vei opri.

Țin minte foarte bine că eram îngrozită de faptul că nu îmi puteam imagina cum voi fi fără butoiul ăla din fața mea. Din cauza burții imense, nici nu îmi puteam da seama cât de mult m-am îngrășat în rest.

Nu visam decât la ziua când urma să am din nou abdomenul plat. Şi, pentru prima dată, îmi doream înapoi sânii mei mici şi fermi. Mă simţeam ca văcuţa Fulga.

Până să rămân însărcinată, mereu mi-am dorit sâni mari. Dar nu e uşor să ai sânii mari. Te incomodează la mers, la haine, la dormit. Plus că, oricât de slabă ai fi, cu sânii mari tot voinică pari. Cel puţin, aşa mi se părea mie atunci.

Nu e uşor să nu te mai simţi sexy şi atrăgătoare.

Nu e uşor să nu îţi mai poţi îmbrăca hainele pe care le iubeai.

Nu e uşor să mergi ca o răţuşcă şi, atunci când intri într-o încăpere, să nu mai simţi cum privirile bărbaţilor se întorc după tine.

E greu să treci de la o stare la alta, într-un timp atât de scurt.

Toată lumea se uita la mine ca la ceva drăguţ, mă mângâiau uşor pe burtică, unii chiar se uitau cu o privire plină de compătimire (probabil ştiau ce mă aşteaptă) şi cam atât.

Şi eu??? Eu... Theona... femeia din spatele burţii? Ce? Eu chiar nu mai existam decât prin prisma viitorului bebeluş?

Am născut în februarie, pe 25, şi, de revelion, bineînţeles că m-am aranjat făcând abstracţie de burtică.

Mi-am luat o rochiţă scurtă, tocuri, am fost la coafor şi mă simţeam mai bine. În afară de burtă, în rest arătam OK. Nu mă îngrăşasem decât vreo 10 kg. :) Până la sfârşitul sarcinii am pus 20.

M-am aranjat toată sarcina, chiar mai mult decât o fac de obicei. Deşi nici în rest nu îmi neglijez aspectul fizic. Am vrut să compensez.

Însă, pentru că relaţia cu soţul şi tatăl copilului nu era una foarte bună şi nu ştia să mă facă să mă simt femeie alături de el, îmi scăzuse încrederea în mine, nu mă mai simţeam bine cu mine însămi şi aveam foarte multe momente în care izbucneam în plâns și eram melancolică după viața mea frumoasă de dinainte de căsătorie.

Îmi lipsea perioada când eram dorită şi răsfăţată de partenerul meu. Toată viaţa am avut parte numai de parteneri care m-au tratat ca pe o prinţesă şi nu ştiau ce să îmi mai facă să mă simt bine şi să mă vadă fericită.

Când m-am căsătorit, aveam pretenția ca soțul meu, pentru că i-am oferit privilegiul de a fi soția lui, să se concentreze pe ceea ce îmi place, să fie atent la nevoile și la dorințele mele, să știe să îmi ofere afecțiune și timp.

Pe atunci, eram încă foarte necoaptă și aveam senzația că celălalt este responsabil de fericirea mea. Credeam că, dacă el nu face nimic pentru a mă face fericită și pentru bunul mers al relației, totul e pierdut.

Apoi am încercat să compensez și să îmi asum și rolul lui, pentru că îmi doream cu tot dinadinsul ca relația să meargă. Acum, că intrasem în horă, trebuia să joc. Mai ales că bebelușul era pe drum.

Mai făcuserăm și nuntă. Trebuia să arăt lumii întregi ce familie frumoasă și fericită aveam. Deși, în adâncul sufletului meu, știam că nu prea se putea salva nimic.

Ştiaţi că aproximativ 60% dintre femei consideră că, din momentul în care rămân însărcinate, sentimentul de „feminitate" şi de grijă faţă de sine trebuie înlocuit cu cel de „maternitate" şi că accentul trebuie pus doar pe viitorul bebeluş, potrivit unor studii recente?

Acest lucru le afectează mult viața de cuplu și dăunează atât sănătății femeilor și a copilului pe care vor să-l protejeze, cât și tuturor celorlalți membri ai familiei lor.

Situația îngrijorătoare este, de asemenea, favorizată de necunoașterea tuturor schimbărilor ce apar odată cu sarcina, atât fizic, cât și psihologic, și de lipsa consilierii emoționale de care multe dintre femei suferă în timpul sarcinii.

CONCLUZII

- ✓ Până la naşterea copilului său, mama este o femeie obişnuită, cu o existenţă şi roluri total diferite de noua sa calitate dobândită prin sarcină şi naştere: aceea de mamă.
- ✓ Maternitatea te face să devii mai responsabilă, mai conştientă, mai organizată şi mai motivată să faci ceva pentru viaţa ta.
- ✓ Autoeducarea trebuie să fie o prioritate pentru oricine, chiar şi după ce devii părinte.
- ✓ Experienţele din timpul sarcinii îşi pun amprenta atât asupra mamei, cât și asupra copilului. Și, tocmai de aceea, este important ca perioada sarcinii să fie trăită conştient și liniştit de către ambii parteneri. Trebuie să te bucuri și să trăieşti această perioadă frumoasă la adevărata ei valoare.
- ✓ Tu, viitoare mămică, să ai grijă să nu te agiţi, să nu te superi, să ai o viaţă activă şi veselă, dar cât mai liniştită psihic şi cu cât mai puţine supărări.
- ✓ Nu e uşor să nu te mai simţi sexy şi atrăgătoare. Nu e uşor să nu îţi mai poţi îmbrăca hainele pe care le iubeai. Nu e uşor să mergi ca o răţuşcă şi, atunci când intri într-o încăpere, să nu mai simţi cum privirile bărbaţilor se întorc după tine. Dar toate vor reveni la normal în scurt timp şi chiar merită orice minunea căreia urmează să îi dai naştere.

PAŞI DE ACŢIUNE

Alege-ţi atitudinea potrivită indiferent de situaţie.

Cea mai bună metodă de a menţine o atitudine pozitivă de nota 10 este motivarea. Prin motivare, condiţionare, mă refer să o faci o parte din tine: să devii optimistă, să te trezeşti optimistă şi să fii pozitivă.

Întreabă-te **„Ce e minunat în asta?"** în loc de **„De ce mi se întâmplă numai mie?"** sau **„De ce mi-a/ mi-au făcut asta?"**

E OK dacă o întrebare pozitivă nu e prima ta reacţie.

Primul pas al acestui proces este să **observi întrebările** pe care ţi le adresezi, apoi pune-ţi o întrebare despre aceste întrebări: „Asta e cea mai bună metodă de a mă întreba?"

Iată câteva întrebări pe care le folosesc eu, scrise pe o hârtiuţă ce se află la baie, cu scopul de a le citi în fiecare dimineaţă:

* Ce mă emoţionează?
* Pentru ce sunt recunoscătoare?
* Cum să iubesc şi cine mă iubeşte?
* Ce aşteptări am?
* Care sunt principalele 3 obiective ale mele şi ce voi face astăzi pentru a fi mai aproape de a le duce la bun sfârşit?

Faptele însufleţesc mesajele pe care vrei să le transmiţi subconştientului tău. E important să identifici acţiunile pe care promiţi că le vei duce la bun sfârşit, iar acestea îţi vor prelua convingerile şi tot ce ai făcut în trecut.

Acţiunile mele includ: mişcare timp de 20-30 de minute de şase ori pe săptămână, exerciţiu de imaginaţie, scrierea şi rostirea de afirmaţii, timp liber petrecut alături de familie şi de prieteni, citit sau chiar nimic (relaxare).

CAPITOLUL V

DIETĂ, SPORT, FRUMUSEŢE

CUM AM SLĂBIT CELE 20 KG ACUMULATE ÎN TIMPUL SARCINII

Ţi-am povestit că în timpul sarcinii ajunsesem să îmi fie frică să mă mai uit în oglindă. Este destul de greu să suferi astfel de transformări într-un timp atât de scurt, chiar dacă oarecum ştii de la începutul sarcinii că asta urmează să se întâmple.

Cumva, în adâncul sufletului tău, speri că la tine se va întâmpla o minune şi că tu nu te vei îngrăşa decât 4-5 kg, care se vor topi la spital. Însă minunea asta nu mi s-a întâmplat mie.

Înainte să plec la spital, aveam 72 kg pe cântar. De la 52-50 kg. Aproape că nu voiam să cred ce îmi indica acul cântarului. Apoi speram că aveam mult lichid şi că mare parte din kilograme urma să le las la spital.

Nu a fost chiar aşa... m-am întors acasă din spital cu 65 kg. Era bine, având în vedere că David era cât o mâţă. Cântărea 2700 de grame. Nu era mai mare decât o sticlă de Cola.

În primele două săptămâni am avut nişte dureri de cap groaznice de la anestezie. Nu îmi treceau cu niciun calmant. Încercasem de toate. Fusesem la doctor de câteva ori pentru că mă simţeam atât de rău, încât nu puteam sta în picioare.

Durerea era atât de îngrozitoare, încât îmi dădeau lacrimile, mă lua cu ameţeală, cu greaţă şi cu transpiraţii. Dacă ţineam capul în poziţie orizontală, îmi trecea. Când îl ridicam, mă lovea durerea ca o ghiulea și nu mă mai părăsea.

Ajunsesem să mănânc cu capul pe masă. Dar oricum nu mai aveam nicio poftă de mâncare. Au fost zile de coșmar, pentru că nu puteam nici să mă bucur de copil.

Eram ca un zombi. Nu mă puteam odihni, nu puteam să am grijă de copil, nu puteam să fac nimic. Partea proastă era că nici nu știam cât vor ține aceste dureri. Îmi era frică să nu rămân cu ele toată viața.

Într-un final, cineva mi-a recomandat coniac cu cafea și pastile de cafedol. Problema era că nu puteam să iau decât imediat după ce alăptam, altfel îmbătam copilul și îl agitam de la cafea. Într-adevăr, acest leac avea efect pentru câteva ore.

După săptămânile astea de coșmar, durerile au încetat ca prin minune și eu am revenit la viață. Nu îmi venea să cred că mă simțeam bine. Mă puteam bucura, în sfârșit, de bebelușul meu, mă puteam bucura de viață (atâta câtă era între patru pereți ai casei).

După cele două săptămâni, slăbisem încă 5 kg. Ajunsesem la 60 kg și deja începeam să îmi recapăt talia.

Eram atât de fericită!

Dietă nu puteam să țin pentru că alăptam, însă aveam grijă să nu mănânc dulciuri și făinoase. În rest, începusem să fac exerciții ușoare pentru picioare și pentru fund. Pentru abdomen nu puteam din cauza operației de cezariană.

După o lună, medicul mi-a dat voie să merg la sală și să încep cu mers ușor pe bandă și exerciții ușoare. Dacă el mi-a dat voie la sală nu înseamnă că am și ajuns. Nu aveam cu cine să îl las pe micuț. Eram doar noi doi acasă toată ziua.

Dar am început să fac exerciții acasă. Nu mai puteam sta așa. Îmi doream să slăbesc cât mai repede și să revin la forma de dinainte de naștere.

Și am început să mă mișc mereu. Când David dormea, aveam un set de exerciții, când era treaz, aveam niște exerciții la care mă foloseam chiar de David. Le făceam cu el în brațe și lui îi plăcea chestia asta foarte mult!

David se amuza copios și, în felul acesta, împușcam mai mulți iepuri dintr-un foc. Petreceam timp cu David, ne distram și mai și slăbeam tonificându-mi mușchii.

Mi-aș dori să fac o broșură sau niște videoclipuri cu exercițiile pe care le făceam atunci. Sunt extrem de eficiente și utile.

Și, pentru că am perseverat, rezultatele nu au încetat să apară. După doar două luni de la naștere aveam 56-57 kg.

Următoarele kilograme au fost și mai greu de dat jos. Și pot spune că nici acum nu am ajuns să le dau pe toate. Cel mai puțin am avut 52, dar mă simt foarte bine între 52 și 54. Cam asta e greutatea mea de acum și încerc să mă mențin așa.

Încerc să ajung la sală măcar de trei ori pe săptămână și am grijă ca, atunci când fac excese, să mă trezesc la timp și să îmi reglez repede alimentația.

Draga mea, trebuie să avem mare grijă cu kilogramele în plus pentru că, odată cu trecerea timpului și cu acumularea lor, greu le mai dăm jos.

Cântărește-te în mod regulat și, atunci când te-ai îngrășat mai mult de 2 kg, treci la treabă de urgență.

Știai că organismul are propria memorie a kilogramelor?

Adică, dacă o perioadă tu cântărești X kg și, dintr-un exces, te îngrași două, el tinde să revină la kilogramele iniţiale. Dar, dacă tu persişti în excese şi pentru o perioadă mai lungă vei avea X+2 kg, atunci organismul îţi va asocia greutatea de X2+ kg.

Şi, chiar dacă slăbeşti printr-o dietă miraculoasă şi nu te menţii suficient timp, el va reveni la greutatea de X2+ kg. Acesta este efectul yo-yo, de care sunt convinsă că ai tot auzit.

Deci, această memorie a kilogramelor ne poate ajuta sau ne poate sabota. Este important de reţinut ca, atunci când slăbeşti, să reuşeşti să te menţii la acea greutate măcar 30 de zile.

Crezi că eu nu am făcut greşeli?

Crezi că nu mai pic şi eu examenul la practică?

Hai să îţi spun cum scuzele şi lenea mi-au adus 5 kg în plus.

Ştiu că nu e un capăt de ţară, dar kilogramele se adună uşor, uşor, unul câte unul, şi când te trezeşti...

La mine sunt doar 5 kg pentru că m-am trezit la timp!

Vreau să trag un semnal de alarmă pentru toate femeile care uită cât de importante sunt **SPORTUL şi NUTRIŢIA**!

Am avut şi eu perioade în care, din cauză că eram prea ocupată şi mai mereu pe drumuri, nu am avut timpul şi energia necesare să gătesc şi să fac sport. Aşa că mâncam la ore neregulate, multe prostii şi nu făceam deloc mişcare! **Mare greşeală!**

După o jumătate de an m-am îngrăşat 5 kilograme şi mi s-a schimbat forma corpului cu totul.

Nu e nevoie să mai precizez în ce sens, nu?

Când m-am trezit şi m-am uitat în oglinda mea, oglinda care îmi ştie dimensiunile şi după care mă ghidez de fiecare dată (în restul oglinzilor nu am încredere, unele mă fac mai slabă, altele mai grasă – oglinda mea e etalon), îmi venea să plâng.

Nu sunt exagerată şi nici paranoică, însă e clar că nu are ce să caute celulita, nici prea multe kilograme în plus, iar carnea trebuie să stea la locul ei!

Ce să mai plâng sau să mă mai plâng, mai bine trec la acţiune şi gata!

Am fugit direct la sală, mi-am făcut abonament, am vorbit cu antrenorul, i-am spus că vreau să mă apuc de treabă. Am făcut împreună planul pentru următoarea lună şi i-am dat voie să mă sune şi să mă certe ori de câte ori vede că trag chiulul.

Îmi tot propuneam să merg la sală de multe luni şi de fiecare dată „intervenea" câte ceva, de fiecare dată găseam un MOTIV bun să nu o fac.

5 SCUZE PENTRU CARE AMÂNĂM SĂ TRĂIM SĂNĂTOS

1. „Înainte să încep, trebuie să fac un PLAN."

Planurile sunt bune, dar, de multe ori, amânăm foarte mult să acţionăm din cauză că vrem să plănuim totul cu lux de amănunte. Uită-te la exemplul meu. Am amânat şase luni – m-am îngrăşat 4 kg, mi-am ieşit din formă, mi-a reapărut celulita.

Crezi că îţi mai permiţi să amâni încă o zi?

Nu trebuie să ai cine ştie ce echipament special, nu trebuie să ai adidaşii perfecţi, nu trebuie să îndeplineşti cine ştie ce condiţii ca să găteşti şi să mănânci sănătos.

Începe chiar azi. Fă măcar cinci minute de exerciţii acasă, tot e mai bine decât nimic.

2. „Mi-am ieşit prea mult din formă şi e cam TÂRZIU să mă reapuc."

Prea târziu în comparaţie cu cine?

Ştiu persoane care s-au apucat la 50 de ani pentru prima dată de sport şi de nutriţie şi acum sunt mai în formă decât cineva de 20 de ani. Începe uşor, cu câte 10-20 de minute pe zi, până te mai înveţi.

Fă-o cu plăcere, nu ca un chin, bucură-te de fiecare minut pe care îl petreci făcând sport.

Dacă nu ai timp să mergi la sală, fă exerciţii acasă, în parc, în grădină. Soluţii sunt nenumărate. Fii inventivă!

3. „Nu ştiu să gătesc şi nu am TIMP pentru a găti sănătos."

Şi scuza asta am avut-o. Dar, de fapt, nu e fondată deloc. Dacă vrei să mănânci sănătos, nu trebuie să prepari prea mult alimentele. Cu cât sunt mai aproape de starea lor naturală, cu atât mai bine.

Iată câteva idei rapide:

* Supe
* Shake-uri
* Orez, păstăi, mazăre – trebuie doar fierte şi atât
* Salate – mai ales vara, găseşti multe variante

4. „Vor râde de mine la sală pentru că am atâtea kilograme în plus."

La sală, în general, fiecare e focusat pe ce are el de făcut!

Eu, personal, îmi concentrez toată atenţia asupra mea şi asupra a ceea ce am eu de făcut. Dacă există totuşi excepţii, se vor uita la tine admirativ.

Te vor lăuda în sinea lor pentru hotărârea pe care o ai. Unii îşi vor aminti de perioada când au început şi erau la fel ca tine. Deci uită şi de această scuză şi treci la treabă!

5. „Mi-ar plăcea să merg la ore de aerobic, dar mi-e TEAMĂ că nu voi ţine ritmul."

Nici nu trebuie să îl ţii perfect de la început. Îl vei prinde pe parcurs. Nimeni nu a ştiut de la început. Şi este eficient şi dacă faci un sfert sau jumătate dintre exerciţiile care se fac acolo. Cu mult mai eficient decât dacă ai sta acasă.

+ 1 „E scump să trăiesc sănătos!"

Eşti sigură că îţi permiţi să nu trăieşti sănătos?

Eşti sigură că îţi permiţi ca peste câţiva ani să dai banii pe medicamente şi pe tratamente pentru că acum ţi s-au părut scumpe un abonament la sală şi o salată din piaţă?

Eşti sigură că îţi permiţi să nu arăţi bine şi să nu fii sănătoasă şi energică?

EU NU!

De asta m-am apucat de treabă şi, crede-mă, e un sentiment incredibil!!! Am învins şi de data asta în lupta cu scuzele şi mă bucur de fiecare zi în care ştiu că sunt mai aproape de un corp frumos şi sănătos.

CELE MAI ÎNTÂLNITE GREŞELI PE CARE FEMEILE LE FAC ÎN ALIMENTAŢIE

...şi din cauza cărora se îngraşă, fac celulită, nu mai au energie şi poftă de viaţă şi multe alte consecinţe.

Şi eu am făcut aceleaşi greşeli şi le împărtăşesc cu tine pentru că vreau ca tu să nu le faci. Sau, dacă pe unele deja le faci, să te ajut să le schimbi. Cu mici schimbări poţi avea rezultate MARI!

Ţi-am povestit că m-am îngrăşat aproximativ 5 kg în câteva luni fără să îmi dau seama. Am fost atât de agitată şi atât de prinsă în multe proiecte şi activităţi la serviciu, cu blogul, acasă, încât am neglijat felul în care mâncam.

Când m-am trezit, m-am uitat în oglindă şi am început să mă analizez.

Ai simţit vreodată că îţi vine să spargi oglinda?

Mai trist a fost când am mers la shopping şi mi-am luat în cabina de probă câteva perechi de pantaloni mărimea 36. **Când să îi îmbrac, am avut un şoc!!! Nu mă încăpeau!**

Nici nu cred că mai e nevoie să spun că în ziua aia nu am mai avut niciun chef de cumpărături.

Am plecat supărată acasă, hotărâtă să fac ceva să îndrept această „tragedie." Ai simţit şi tu vreodată asta? Să fii atât de nemulţumită de imaginea ta din cabina de probă, încât să nu mai ai niciun chef de cumpărături?

Am început să îmi pun tot feluri de întrebări.

* *Cum m-am îngrăşat aşa, „peste noapte"?*
* *Ce anume am făcut greşit?*
* *Ce pot schimba?*

Ţi se întâmplă şi ţie ca, din cauza nebuniei de zi cu zi de acasă, de la serviciu, să uiţi să mănânci corect?

Azi merge aşa, mâine la fel, poimâine... nu se vede, nu se simte, apoi, după o perioadă... **deja obiceiurile tale alimentare au devenit obişnuinţă.**

Şi uite aşa, zi de zi, din cauza **programului încărcat**, în numele **plăcerilor, gustului** şi al **comodităţii,** ignorăm adevăratele necesităţi ale propriului organism.

Şi cu alimentaţia chiar nu e de glumit. Ceea ce mâncăm este combustibilul nostru.

Dacă maşinii îi bagi combustibilul greşit sau plin de gunoaie, este clar că maşina nu va mai funcţiona la întreaga capacitate sau, mai rău, nu va mai merge deloc.

Greşelile alimentare pe care le facem zi de zi sunt de vină pentru depunerile nejustificate de kilograme, sunt vinovate de **apariţia celulitei**, de **hipertensiune**, de **afecţiuni ale stomacului**, de **apariţia diabetului** etc.

Ca să nu mai spun că **scăderea energiei**, **a concentrării**, a **apetitului sexual** sunt tot din cauza proastei alimentaţii.

Regimul nostru alimentar este de multe ori incorect şi neechilibrat.

Iată ce greşeli alimentare am făcut eu şi care mi-au adus atâtea neplăceri:

1. **Săream peste micul dejun** şi consumam pe stomacul gol, dis-de-dimineaţă, o cafea sau un ceai. Deşi cafeaua îţi ia senzaţia de foame, nu este tocmai recomandată consumarea acesteia pe nemâncate.
2. **Ignoram orele de masă**, săream peste unele mese sau mâncam în exces spre seară, după ce toată ziua nu mâncam nimic. Chiar dacă mănânci mai rar, organismul tău este tentat să consume mai mult decât în mod normal, în timp ce o masă copioasă poate provoca o indigestie, oboseală suplimentară sau un consum inutil de energie.
3. **Ronţăitul permanent**, din dorinţa de a păcăli senzaţia de foame. Stomacul este supus unei activităţi permanente, ca să nu mai spun câte calorii în plus aduc aceste „gustări nevinovate."
4. **Nu mă hidratam suficient.** Lipsa unui aport adecvat de lichide poate să încetinească metabolismul şi să conducă la creştere în greutate. O raţie inadecvată de lichide poate duce la instalarea constipaţiei.

5. **Porţii prea mari.** Aceasta este o greşeală pe care tinzi să o faci mai ales atunci când îţi este foarte foame. Ai putea încerca să te păcăleşti puţin: serveşte şi un aperitiv (e compus, de regulă, din alimente mai „uşoare” şi mai reduce foamea), consumă porţii mai mici şi mestecă încet.

Este de preferat să mănânci de mai multe ori pe zi, porţii mai mici.

6. **Mâncam iraţional.** Este ştiut faptul că stresul este un factor care declanşează dorinţa de a mânca în exces. Şi lista factorilor care determină excese alimentare emoţionale nu se opreşte doar la stres. Include şi depresia sau diferite tulburări emoţionale. Uneori, adicţiile alimentare emoţionale sunt greu de controlat.

Obiceiul de a mânca emoţional este nesănătos, pentru că determină consumul de alimente între mese şi atunci când nici măcar nu îți e foame. Frecvent, acest obicei alimentar încearcă doar să-ți umple timpul și să-ți creeze confortul pe care nu-l poți obține prin alte activități.

7. **Mâncam înainte de culcare.** Creşterea în greutate nu este principala problemă a meselor de seară, dinainte de culcare. Kilogramele se depun proporţional cu aportul caloric din fiecare zi, nu neapărat corelat cu momentul din zi în care mănânci.

Totuși, consumul de alimente seara, înainte de culcare, trebuie evitat, în special consumul alimentelor grase, pentru că încetinește golirea stomacului, iar preparatele puternic condimentate pot duce la arsuri gastrice și la indigestie.

Dacă simţi nevoia să consumi ceva seara, rezumă-te la alimente uşoare sau fă-ţi un ceai calmant.

8. **Mâncam prea repede pentru că nu aveam prea mult timp de „pierdut” la masă.** Este un obicei nesănătos, care nu numai că perturbă serios

procesul de digestie, dar conduce şi la o asimilare mai rapidă a caloriilor.

9. **Atenţie la caloriile din băuturi**. Când socotesc caloriile din alimente, mulţi dintre noi tind să ignore caloriile pe care le conţin băuturile consumate, aşa cum am făcut şi eu.

Aceasta este o mare greşeală, întrucât anumite tipuri de cafea sau băuturi alcoolice au mai mult de 500 de calorii.

Chiar şi caloriile din sucurile de fructe sau alte tipuri de sucuri se pot asimila rapid. Cel mai mare dezavantaj este că lichidele nu ţin de foame, dar caloriile pe care le conţin se adăugă la numărul celor consumate zilnic.

În mod sigur, nu vei avea de gând să mănânci mai puţin după ce serveşti o băutură care are un conţinut ridicat de calorii, aşa că mai bine le eviţi.

Cu siguranţă, ai identificat în modul tău de alimentaţie o parte dintre aspectele de mai sus. Este cazul să-ţi evaluezi comportamentul alimentar şi să corectezi acolo unde este cazul. Dacă ai decis să urmezi o dietă corectă, trebuie să îndrepţi o atenţie egală către ceea ce mănânci, dar şi către felul în care mănânci.

Suntem responsabile de sănătatea noastră, de felul cum arătăm, de felul cum ne simţim. Eu nu îmi permit să mai fac aceste greşeli, pentru că ştiu cât de scump mă costă. Tu?

În afară de alimentaţie, sportul şi mişcarea joacă un rol foarte important.

Exerciţiile fizice ne fac bine. Acest mesaj ne-a fost transmis încă din şcoală, la orele de educaţie fizică. Ştim că este cel mai important lucru pe care îl putem face ca să rămânem tinere, sănătoase, energice şi cu un tonus ridicat. Dar oare chiar îl facem cu adevărat?

Dacă faci exerciţii fizice doar pentru că trebuie şi cu un sentiment de vinovăţie, înseamnă că pierzi din vedere esenţialul. Fiindcă mişcarea, exerciţiul fizic, fie că e vorba de alergare, dans, înot, ciclism, sală, este cu mult mai mult decât ceva ce faci pentru că trebuie.

Este cheia spre descoperirea adevăratului tău EU, spre legătura cu cele trei aspecte care te fac să fii ceea ce eşti: fizic, mintal, spiritual.

Hai să îţi spun şi de ce. Societatea şi mediul în care trăim ne fac să avem o percepţie distorsionată şi limitată cu privire la propriul corp, ceea ce face ca percepţia noastră de viaţă şi posibilităţile ei să devină limitate. Exerciţiile fizice pot schimba radical acest lucru.

Dacă sunt făcute în mod regulat, timp de săptămâni sau luni, exerciţiile fizice susţinute ne pot ajuta să descoperim că totul este posibil. Este o descoperire care ne poate transforma radical viaţa.

Nu e minunat?

BUCURIA MIŞCĂRII

Corpul uman, pe care adeseori îl vedem ca pe o maşină, nu este deloc aşa ceva. De ce?

Pentru că, spre deosebire de o maşină, care se uzează prin folosinţă, corpul nostru, cu cât este mai mult pus la treabă, cu atât devine mai puternic, mai sănătos, mai expresiv.

Majoritatea oamenilor tind să-şi ignore corpul şi nevoile acestuia. Sau îl tratează într-un mod narcisist – ca pe un obiect care poate fi, mai degrabă, împins, lovit şi răsfăţat decât ca pe ceva viu.

Multe dintre programele fizice descrise în cărţi au fost orientate astfel – antrenamente fizice pentru femei obsedate de siluetă, care stau ore în şir la sală repetând la nesfârşit aceeaşi mişcare plictisitoare. Având această atitudine faţă de exerciţiile fizice, îţi va scăpa esenţialul.

FRUMUSEŢEA CORPULUI

De-a lungul timpului, corpul femeii a fost privit ca fiind un sex simbol, ceva de admirat de la distanţă, ceva separat de femeia însăşi.

Trebuie să fim conştiente însă că felul în care arată corpul nostru este în strânsă legătură cu mintalul şi cu spiritualul nostru. Corpul este o parte inseparabilă a femeii prin intermediul căruia femeia comunică şi reacţionează la stimulii vieţii, trăieşte plăcerea şi durerea.

Dacă sentimentele pe care le ai faţă de corpul tău nu sunt intime şi relaxate, înseamnă că nu trăieşti viaţa din plin.

Exerciţiile fizice regulate pot schimba acest lucru şi vei ajunge să îţi iubeşti corpul, să îl cunoşti cu adevărat, îţi vor da senzaţia intensă că eşti vie, alături de o mare încredere în propriile posibilităţi, sentimentul că poţi face faţă oricărei provocări a vieţii cu spontaneitate şi cu entuziasm.

Pentru a fi liber, corpul tău are nevoie de mişcare – are nevoie să fie supus la eforturi, să fie împins aproape de limitele inimii şi plămânilor, eliberat de restricţiile cotidiene impuse muşchilor şi articulaţiilor, ca o consecinţă a vieţii moderne, care are un caracter intelectual pronunţat.

Secretul constă în a face acest lucru cu bucurie şi plăcere, nu cu repezeală, ca să scapi mai repede de o corvoadă. Exercițiile fizice trebuie să devină una dintre părțile cele mai plăcute ale vieții tale, nu o grijă pe care o înduri cu stoicism, fiindcă știi că aceste exerciții îți fac bine.

Dr. G Sheehan, un entuziast al exercițiilor, spunea: „Exercițiile care nu sunt o joacă și o plăcere accentuează, în loc să elimine, separarea dintre trup și suflet."

Să alergi liberă printr-un parc, să înoți, să aluneci cu schiurile pe coasta muntelui acoperită de zăpadă, să dansezi sunt lucruri pe care le vei face de dragul de a le face, pentru plăcerea oferită de acestea.

Faptul că aceste activități îți fac și bine va deveni secundar față de plăcerea minunată și neașteptată. În acel moment vei descoperi singură ce înseamnă exercițiile fizice.

Dar să începem cu începutul.

La început, nu va fi ușor și trebuie să depășești acel prag.

- Vrei să știi prin ce vei trece în prima perioadă după ce te apuci de sport?
- Vrei să fii pregătită pentru a trece cu succes de perioadă cea mai grea?
- Ți s-a întâmplat să îți faci abonament la sală și apoi, după câteva ședințe, să te lași?

Atunci trebuie să citești prin ce am trecut eu.

Primele ședințe la sală au fost de groază, aveam senzația că nu voi reuși și chiar ajunsesem să mă întreb dacă mai vreau să continui sau nu.

Ca orice început, nu a fost ușor și nici confortabil.

Toată lumea își dorește ceva mai bun, dar fără să schimbe nimic.

Fără schimbare, fără a ieși din zona de confort și fără efort nu se poate obține nimic din ceea ce merită cu adevărat.

Aşa că, ştiind asta, am tras de mine, nu am renunţat, am strâns din dinţi, am transpirat şi am continuat!

Recomand mersul la sală şi, având în vedere că mulţi dintre noi avem slujbe de birou şi suntem sedentari, stăm cu fundul în maşină, mişcarea în timpul liber este obligatorie pentru un corp şi o viaţă sănătoase.

Avantajele unui stil de viaţă activ nu se răsfrâng doar asupra siluetei, ci şi asupra stării generale de sănătate şi toată lumea ştie cât de benefice sunt exerciţiile fizice practicate în mod constant.

Antrenamentul fizic te ajută să ieşi din rutina zilnică şi să-ţi „dezmorţeşti oasele”, pentru a arăta bine şi a te simţi bine în propriul corp, iar sala de fitness este cea mai bună alegere datorită multiplelor posibilităţi pe care le oferă.

După o lună, te vei convinge singură că sportul va aduce o mulţime de beneficii.

EFECTELE MIRACULOASE ALE SPORTULUI

Efectul pozitiv al exerciţiilor fizice asupra stării mintale şi emoţionale este bine cunoscut de toţi cei care fac sport în mod regulat, însă nu se mediatizează prea mult.

Oricine a făcut în mod regulat alergări sau alte activităţi va spune că i-a adus un spor de energie mintală şi de concentrare, pe lângă o senzaţie de acuitate mintală sporită.

Ba chiar mai mult. Eu am observat o putere a voinţei pe care nici nu ştiam că o am. Sportul te disciplinează foarte mult, te face capabil să duci la bun sfârşit cele mai grele sarcini în cele mai dificile situaţii, depăşind oboseala cu uşurinţă.

Ce s-a mai schimbat la mine de când fac sport şi ce am mai observat la cunoscuţii mei care fac exerciţii în mod regulat?

S-a modificat în bine starea sufletească. **Bună dispoziţie, senzaţie de bine, atitudine pozitivă.** Somn mai profund şi mai odihnitor.

Ştii ce mai e foarte interesant?

Eliminarea dependenţelor negative

După ce ai un program de exerciţii fizice regulat, timp de câteva săptămâni sau luni, se dezvoltă un fel de dependenţă pozitivă faţă de aceste exerciţii, care înlocuiesc multe dintre obiceiurile negative pe care le aveai înainte, precum fumatul, gândurile autocritice, consumul excesiv de alcool, comportamentul nepotrivit în cadrul relaţiilor.

Dependenţele negative au tendinţa de a dispărea treptat, aproape automat. Întregul proces este destul de simplu şi nu necesită efort sau voinţă.

Ai văzut vreodată un înotător sau un atlet care să fumeze?

Şi ştii de ce se întâmplă asta? Pentru că senzaţia de bine pe care o ai atunci când fumezi sau mănânci peste măsură nici nu se compară cu senzaţia de exuberanţă şi de satisfacţie pe care ţi-o oferă exerciţiile fizice.

Un excelent instrument pentru dezvoltare

Trăim într-o societate care pune tot mai mult accent pe utilizarea potenţialului uman şi pe dezvoltarea individuală.

Exerciţiile fizice pot avea acea contribuţie în ambele direcţii. Sportul transformă profund o persoană, schimbările provin din interior şi, prin urmare, sunt strâns legate de întreaga personalitate. Transformându-ţi corpul, îţi transformi şi psihicul.

Charisma

Unii oameni posedă, fără doar şi poate, o anumită charismă. Aceasta nu este legată întru totul de forma corpului sau de contururile feţei lor (criteriile convenţionale după care se apreciază frumuseţea unei persoane), nici de perfecţiunea pielii sau de structura osoasă.

Este un fel de rezonanţă a personalităţii care se reflectă în înfăţişarea lor fizică. Este acea calitate greu de descris care face o femeie să fie considerată o mare frumuseţe, indiferent de vârsta pe care o are, în vreme ce o alta, la fel de înzestrată fizic, este considerată banală.

Charisma este strâns legată de imaginea fizică, de imaginea despre sine şi de nivelul general al energiei – toate astea fiind sporite în mod semnificativ de exerciţiile fizice frecvente.

CONCLUZII

- ✓ Organismul are propria memorie a kilogramelor. Deci, această memorie a kilogramelor ne poate ajuta sau ne poate sabota. Este important de reţinut ca, atunci când slăbeşti, să reuşeşti să te menţii la acea greutate măcar 30 de zile.
- ✓ Evită orice scuză şi trăieşte sănătos.
- ✓ Greşelile alimentare pe care le facem zi de zi sunt de vină pentru depunerile nejustificate de kilograme, sunt vinovate de apariţia celulitei, de hipertensiune, de afecţiuni ale stomacului, de apariţia diabetului etc.
- ✓ Suntem responsabile de sănătatea noastră, de felul cum arătăm, de felul cum ne simţim. Eu nu îmi permit să mai fac aceste greşeli, pentru că ştiu cât de scump mă costă. Tu?

PAŞI DE ACŢIUNE

Paşi importanţi pentru a trece cu succes de prima lună de mişcare:

- ✓ **Ai nevoie de un antrenor** măcar în primele luni. Pe mine mă ajută enorm că-mi face programul, îmi arată cum să fac exerciţiile corect, stă după mine şi mă ajută, trage de mine atunci când nu mai pot, mă ceartă când „trişez", trage de mine să vin la sală.
- ✓ **Nu te aştepta la rezultate miraculoase în prima lună.**
- ✓ **Nu te descuraja**! După primele antrenamente mă simţeam de parcă aş fi fost bolnavă. Mă durea tot corpul, eram obosită toată ziua. Era o oboseală de aş fi stat toată ziua în pat (ghinionul meu era că trebuia să mă duc opt ore la birou apoi).
- ✓ **Nu te speria dacă încă nu ai rezistenţă**. Începe uşor şi creşte pe parcurs. Eu nu aveam rezistenţă deloc, aşa că antrenamentele mi se păreau crunte.
- ✓ **Nu te apuca de mişcare dacă nu ai mâncat ceva înainte.** Am făcut de câteva ori greşeala să mă duc la sală fără să mănânc. Nu îţi sugerez să experimentezi asta: rezistenţă scăzută, ameţeli, stare de leşin.
- ✓ **Alege o variantă comodă şi aproape de casă:** astfel încât să nu pierzi foarte mult timp pe drum şi să nu fie o scuză mai târziu.
- ✓ Pentru primele luni ar fi indicat să faci mişcare în fiecare zi, pentru că aşa ţi se formează un obicei. În timp, te vei duce din reflex la ora X să îţi faci antrenamentul. Până şi organismul va

simţi nevoia de mişcare. (Asta îmi spune mereu antrenorul şi abia aştept să simt pe pielea mea nevoia de a merge la sală în fiecare zi.)

- ✓ Dacă faci sport o zi da, o zi nu, e mai greu să îţi creezi o obişnuinţă. Iar pentru începători prima lună este critică.
- ✓ **Pregăteşte-ţi echipamentul din timp**. Pune-l în maşină dacă mergi cu maşina sau lasă-l la sală dacă mergi la sală. Astfel încât să îţi poţi face antrenamentul din orice loc te-ai afla.
- ✓ **Odihneşte-te** cât mai bine. La mine se cunoaşte clar atunci când nu dorm suficient noaptea. Nu dau acelaşi randament, nu am acelaşi chef şi exerciţiile nu au aceeaşi eficienţă.
- ✓ **Hidratează-te!**
- ✓ Pentru cele care vor să slăbească, nu vă speriaţi dacă în prima lună **veţi lua în greutate**. Este ceva normal. **Explicaţia**: În momentul în care muşchii, după o perioadă lungă de sedentarism, sunt puşi la treabă, ei automat cresc în volum, iar această creştere presupune formarea unor depozite de glucoză pe baza cărora să funcţioneze. Aceste depozite de glucoză din muşchi, care poartă numele de glicogen, atrag apa, astfel încât un muşchi este de **patru ori mai greu decât acelaşi volum de grăsime**.

CAPITOLUL VI

DIVORŢUL

Atunci când nu putem schimba o situație,
suntem provocați să ne schimbăm noi.

Viktor E. Frankl

DRAMELE DIVORȚULUI

Toate admitem că este nevoie de „doi pentru un tango”, însă există cazuri în care divorțul este de preferat unei căsnicii nefericite şi nesănătoase.

Scrisul este terapeutic pentru mine, deci, aşternându-le pe hârtie, am pus sigiliu câtorva răni adânci din inima mea.

Îţi sugerez să faci acelaşi lucru. Dacă vrei, poţi să-mi scrii povestea prin care treci, la adresa de e-mail femeiadesucces@gmail.com.

Intenţionez chiar să fac o pagină cu poveştile femeilor din comunitatea femeiadesucces.ro, o pagină în care să ne împărtăşim poveştile şi să discutăm deschis despre problemele noastre.

Vreau să ne alăturăm vocile numărului crescând de resurse de care femeile în suferinţă au nevoie şi care le ajută să se vindece.

Femeile sunt, prin natura lor, ori povestitoare şi le place să comunice, fie vorbind cu o prietenă, fie prin scris, ori sunt active în diferite grupuri terapeutice.

Dacă ai trecut deja printr-un divorţ sau te pregăteşti chiar acum de unul, să ştii că nu eşti singură.

Ce vreau eu este să te ajut să înțelegi sentimentele pe care le ai, le-ai avut și le vei avea. Și vreau să știi, prietenă dragă, că eu le-am avut pe toate și am trecut peste ele, iar acum mă bucur de viață mai mult decât înainte.

Am avut și eu momente în care m-am simțit foarte singură. Nimeni nu mi-a înțeles durerea îngrozitoare, respingerea, disperarea pe care le-am simțit.

Nimeni nu mi-a înțeles marea pierdere pe care am suferit-o, deși eu mi-am dorit divorțul.

Nimeni nu mi-a înțeles sentimentele de furie, depresia și gândurile negre ce îmi treceau prin minte...

Apoi mi-am spus: „De ce nu am avut pe nimeni lângă mine în momentul divorțului? Cineva care să mă înțeleagă cu adevărat. O femeie care să fi trecut prin asta, să fi fost în dilema în care eram eu și pe marginea prăpastiei pe care eram eu."

Draga mea, chiar dacă nu e aceeași prăpastie, chiar dacă situația nu este exact la fel, să știi că sentimentele și trăirile sunt asemănătoare.

Voi scrie în detaliu ceea ce am simțit, trăit și experimentat și, apoi, cum am reușit să trec peste.

Scopul și pasiunea mea mă ajută să scot în evidență calitățile femeilor și să le ofer resurse și mijloace valoroase care să le schimbe viața.

Mi-am dat seama că vreau să le ajut pe femei să treacă peste marile cumpene din viață, iar divorțul este una dintre ele. Vreau să le ajut să treacă peste o despărțire și să aibă alături acea prietenă care mie mi-a lipsit în momentele grele.

FAȚĂ ÎN FAȚĂ CU CEL MAI MARE COȘMAR AL VIEȚII MELE

Te simți ca și când a trecut trenul peste tine?

Ca și cum „săgeata albastră" te lovește puternic chiar în piept și apoi își termină treaba strivindu-te sub vagonul de serviciu?

Şi eu m-am simţit la fel la un moment dat şi vreau să îţi împărtăşesc povestea mea.

Poate că „trenul despărțirii" te-a lovit deja, cu toată forța, și ești ocupată acum să pui cap la cap rămășițele vieții tale.

Povestea mea te va ajuta, chiar dacă ai făcut deja progrese pe acest drum și ai ajuns să îți dai seama că divorțul este neplăcut, dar i se poate supraviețui sau ești prinsă chiar acum sub greutatea trenului, îl simți mergând peste tine, în sus și în jos, fără să poți face ceva să îl opreşti.

Plângi din toți rărunchii și nici nu recunoşti sunetele ciudate pe care le scoți. Te simți bolnavă în ultimul stadiu, ca și cum ai fi pe moarte.

Vei trece și peste asta, draga mea. Sentimentele sunt pură agonie, dar te vei ridica de sub acest tren și, chiar dacă acum te simți ruptă în bucăți, este în regulă.

Chiar dacă ești cea care conduce „trenul divorțului", tot vei simți divorțul ca pe o operație pe cord deschis fără anestezie.

De ce?

Pentru că, atunci când te căsătorești, devii din „doi" „unul" și nu poți despica „unul" fără să curgă sânge.

Dar poți să mergi mai departe și o vei face. La un moment dat, te vei confrunta cu șocul că viața ta, așa cum o știai, s-a sfârșit și vei începe să îți dai seama că trebuie să găsești o cale de a te aduna și de a merge mai departe.

IATĂ CUM A ÎNCEPUT TOTUL PENTRU MINE

Pentru anumite motive, vedem în divorț un semn al eșecului, în ciuda faptului că fiecare dintre noi are dreptul și obligația de a corecta orice greșeală pe care o face în viață.

Joyce Brothers

Îmi aduc aminte ca şi când ar fi fost ieri. Eu am ştiut cu mult înainte de rostirea cuvintelor „vreau să divorțez" că eram într-o călătorie care se îndrepta către un dezastru.

Insistam pe lângă soțul meu, avertizându-l asupra direcției în care ne îndreptam, în speranța că va înțelege și va fi de acord că avem nevoie de consiliere împreună.

El îndurase câteva eșecuri și frustrări personale și profesionale, dar am crezut că vom trece peste toate.

Deja, după multe certuri și discuții, dragostea pentru el dispăruse, dar am fost educată să cred că dragostea înseamnă angajament și devotament, chiar și când sentimentele vin și pleacă, și că nu poți avea încredere mereu în sentimente. Mai ales că exista deja și un copil.

Totuşi, îmi era din ce în ce mai clar că, dacă nu se schimbă ceva în căsnicia mea, totul se va termina cu un naufragiu.

Zilele treceau una câte una și eu simțeam că visul meu de a trăi fericiți până la adânci bătrâneți trecea odată cu ele. Totul se spulbera, iar sentimentele mele copleşitoare de neputință erau insuportabile.

Continuam să gândesc în sinea mea: nu se poate întâmpla una ca asta. Nu mi se poate întâmpla mie. Nu făcea parte din planul meu. Eu sunt una dintre acele fete care va trăi fericită alături de prințul ei „până când moartea ne va despărți."

Ce s-a întâmplat cu jurămintele noastre?

Pe de altă parte, am fost întotdeauna o optimistă incurabilă și, chiar dacă știam încotro se îndreaptă căsnicia noastră, șocul de a ajunge, într-adevăr, acolo era extrem de greu de înfruntat. M-am văzut în situația de a vrea să fug – deși evitasem asta timp de mai bine de câteva luni înainte de divorț.

Continuam să cred că problema se va rezolva cumva. Am crezut greșit. Cenușăreasa își pierdea prințul și nu putea înțelege nicicum de ce se întâmpla asta. Era suprarealist, ca și când aș fi urmărit filmul vieții mele. Voiam să fug.

Dar, oricât aș fi fugit, nu mai era nicio scăpare. Ajunsesem chiar să refuz să mai dorm împreună cu el. Contactul sexual îl refuzam categoric. Nu mai suportam să mă atingă.

În ultima vreme, fiecare vorbă a lui mă enerva, nu mai puteam avea discuții normale. Situația devenise foarte tensionată. Îmi era frică, foarte frică de ceea ce va urma.

Nu știam cum mă voi descurca singură cu un copil.

Unde mă voi muta?

Cum mă voi întreține?

Cum îmi voi anunța familia?

Cum voi mai putea da ochii cu prietenii mei, cu cei care mă admirau pentru familia frumoasă pe care o aveam?

Cum am ajuns aici?

Cum am permis să se întâmple asta?

Chiar nu se mai poate face nimic?

Sigur asta e viața mea? Sau am un coșmar și cineva se amuză pe seama mea?

Mie, care aveam în față un viitor așa strălucit, să mi se întâmple una ca asta?

Unde mi-a fost capul? Unde mi-a fost mintea atunci când mama încerca să mă avertizeze că este prea devreme să fac acest pas? Că este prea devreme să îmi dau seama dacă este sau nu este alesul inimii mele?

De ce nu am ascultat-o?

Îmi puneam aceste întrebări iar şi iar! Îmi răsunau în minte tot mai tare.

Nu mai puteam să dorm. Nu mai voiam să mănânc.

Nimic nu mă mai făcea să zâmbesc.

Marginea prăpastiei era chiar în faţa mea. Ajunsesem să iau calmante ca să rezist şi somnifere ca să dorm.

Uneori, nici alea nu ajutau.

Iar auzeam voci:

„Theona, ce ai făcut cu viaţa ta?"

Plângând, îmi dădeam seama că nu am nimic din ceea ce mi-am dorit. Sau poate că aveam pe hârtie ceea ce mi-am dorit, însă eram total nefericită.

Soţul nu mă mai iubea şi nu mă înţelegea, eu nu îl mai iubeam şi ajunsesem să nu îl mai suport lângă mine, din cauza răului pe care mi-l făcuse de-a lungul timpului.

Profesional, ajunsesem să fiu zero, pentru că nu mă lăsa să mă dezvolt, nu mă lăsa să îmi caut ceva care să mă împlinească şi, oricum, nu mai aveam timp de nimic pentru mine.

Şi, pentru că eram atât de nefericită, nici de David nu mă mai puteam bucura.

Îmi amintesc foarte clar una dintre ultimele certuri dintr-o noapte. După ţipete şi plânsete, mi-am luat o hârtie şi un pix şi am început să scriu. De ce? Pentru că altfel aveam impresia că voi exploda.

Nu aveam cu cine să vorbesc, cui să mă plâng, cu cine să mă sfătuiesc. Printre şiroaie de lacrimi scriam şi scriam tot ce îmi trecea prin minte. Tot ce simţeam, tot ce mi-aş fi dorit să se întâmple şi nu s-a întâmplat, tot ce mi-aş dori de la viaţă.

Am scris până dimineaţă ore în şir, plângeam şi scriam. Intrasem într-un fel de flux, eram în transă şi scriam. Evadasem oarecum din acel coşmar şi mi-am dat frâu liber gândurilor şi trăirilor pe foaie.

La un moment dat, am început să visez, să scriu cum aş vrea să fie viaţa mea. Cum aş vrea să se schimbe ea, dacă nu ar exista atâtea obstacole.

Am început să scriu şi cele mai mici detalii şi să simt totul cu toată fiinţa mea. Trăiam atât de viu ceea ce scriam şi parcă vedeam chiar în faţa mea cum se derula întregul film.

Era aşa de frumos şi nu voiam să mă mai trezesc.

Am scris aşa jumătate de agendă.

Cu agenda în braţe, am adormit spre dimineaţă, printre suspine.

„Off... viaţa mea, ce-am făcut cu ea?"

Cum este povestea ta?

Suferi la fel de mult în miezul nopţii, în patul mult prea gol?

Crezi că durerea te va ucide la propriu – şi uneori ţi-ai dori să se întâmple asta?

Te-ai gândit vreodată „cine a inventat şi divorţul ăsta?" Evident nu a fost cineva care să înţeleagă ce înseamnă să ţi se smulgă inima din piept.

Trenul divorţului se îndreaptă, probabil, spre tine de la mare distanţă, abia vizibil, de multă vreme. Acum este chiar în faţa ta, mergând cu viteză mai mare, mai asurzitor decât ţi-ai fi imaginat vreodată. Nu vezi nicio cale de scăpare, nicio ieşire.

Nu vezi nimic altceva decât deznădejde şi disperare, pentru că nu poţi controla destinul celuilalt. Tu doar eşti lovită cu toată forţa şi târâtă de-a lungul drumului în călătorie. Rezistă, draga mea prietenă, rezistă!

Va trece şi asta şi eu te voi ajuta.

Nu uita că acum nu eşti singură!

Mă ai pe mine şi ai această carte, pe care o poţi citi ori de câte ori ai nevoie.

ŞOCUL

Rol dificil, dar frumos: femeia care suportă cu eleganță o despărțire.

Simone de Beauvoir

Este normal să te simţi şocată. Este normal să simţi durerea. Nimic nu te pregăteşte pentru lovitura zdrobitoare ce te lasă fără aer ca: „Vreau să divorțez."

Şi, chiar dacă tu ai fost cea care a rostit acele cuvinte, şocul tot se simte foarte rău. Nu contează dacă tu şi soţul tău vă certaţi de douăzeci de ani şi vă urâţi cu toate puterile, este totuşi şocant şi cutremurător când ţi se spun cuvintele „vreau să divorțez."

Nu contează câtă vreme ai fost căsătorită, fie un an, fie treizeci.

Uită-te la oricine a trăit experienţa pierderii unui copil prin avort spontan. Mărimea sarcinii nu contează. Moartea este copleşitoare. Bebeluşul putea avea doar câteva săptămâni, dar părinţii aveau deja un nume, o viziune asupra educaţiei. Apoi, într-un scurt moment, visul s-a năruit.

Divorțul este, de asemenea, ca o moarte. Din unele puncte de vedere, este și mai rău. Se răspândeşte ca o duhoare de sconcs într-o zi toridă de vară.

Bine ai venit în prima etapă a suferinței: ŞOCUL.

Aşa cum doctorul Elisabeth Kubler Ross spunea, sunt cinci etape ale suferinței: Negarea, Furia, Negocierea, Depresia, Acceptarea. Aşa vei trece şi de-a lungul divorțului, prin mai multe popasuri.

Unele vor fi mai lungi și mai greu de suportat, altele mai scurte. Nu renunța să speri. Mergi înainte și ajută-te acum de faptul că au mai trecut atâtea femei prin asta.

Acceptă-ţi sentimentele în această etapă. Trebuie să laşi suferinţa să treacă înainte de a te putea vindeca. Şi te vei vindeca.

Momentan, eşti o femeie care suferă foarte mult, o femeie care se simte distrusă. Dar va veni şi ziua când te vei simţi din nou întreagă. Vei fi, îţi promit eu!

Paşii pe care îi poţi face în timpul şocului

Lista de supravieţuire:

Respiră – Inspiră şi expiră. Acest exerciţiu poate părea simplu, dar pe tine te va ajuta enorm.

Plângi – Lasă-te în voia plânsului, dar fără să te simţi vinovată. Îţi va face bine să te eliberezi. Dar important este să îţi ştergi lacrimile înainte să apară copiii.

Mănâncă – Trebuie să mănânci. Ştiu că nu ai poftă de mâncare, dar vei leşina dacă îţi scade glicemia prea mult. Eu am trecut prin asta şi nu e deloc plăcut.

Dormi – Somnul va fi aproape inexistent, dar trebuie să te străduieşti cât poţi. Ochii tăi vor arăta destul de rău din cauza plânsului, dar mult mai bine fără pungile care se vor forma sub ochi din cauza lipsei de somn. Aşa că dormi.

Spune NU – Respectă rutina şi nu te oferi voluntară pentru sarcini în plus. Încearcă să te sustragi de la orice mare angajament. Ai destule în momentul de faţă.

Supravieţuieşte – Scoate-ţi din minte orice fel de gânduri negre şi încearcă să plantezi unele noi mai vesele.

NEGAREA

Negarea este un mecanism de apărare prin care vrem să ne protejăm.

În etapa negării avem tendinţa să ne trezim din acest coşmar fără sfârşit al terminării căsniciei. Încercăm să ne convingem în sinea noastră că îi va veni mintea la cap soţului şi că îşi va da seama, în cele din urmă, că trebuie să se schimbe de dragul tău şi al copiilor (dacă există şi copii).

Bărbatul în care am avut încredere până la ultima celulă a fiinţei noastre s-a dovedit mult mai puţin decât Făt-Frumos.

Cum a fost posibil? Cum ne-am lăsat prostite în aşa hal? Totul a fost o iluzie?

Pentru mine, negarea a durat o lună. Îmi aduc aminte cum nu îmi venea să cred că mi se întâmplă asta. Era cel mai rău lucru imaginabil ca, la nici un an de la căsătorie, să nu ştiu cum să evadez din acea temniţă.

Plănuisem de la o vârstă foarte fragedă că voi găsi un bărbat bun şi că vom fi familia „perfectă."

Jurasem că niciodată copiii mei nu vor avea de-a face cu vacanţe rupte pe din două sau cu fraţi vitregi.

Când treci de faza de negare din acest ciclu al durerii, poţi, în sfârşit, să admiţi adevărul despre ce se întâmplă, de fapt, şi să începi să priveşti către viitor.

Poţi prelua controlul asupra vieţii tale şi a ceea ce se întâmplă acum. Nu uita că eu sunt alături de tine şi îţi voi da tăria şi impulsul ca să mergi înainte.

NU eşti singură!

Chiar dacă împrejurările noastre sunt diferite, am trecut şi eu prin acelaşi lucru, am trecut şi eu pe aceeaşi stradă pe care eşti tu acum sau, cel puţin, prin acelaşi cartier.

Viaţa merge înainte!

Vei auzi iar păsările cântând, iar soarele va străluci din nou.

Ştiu că simţi că acum eşti în mijlocul furtunii, dar, aminteşte-ţi, VA URMA UN CURCUBEU!

FURIA

Dacă şocul şi negarea au venit şi au plecat, acum realizezi că toate speranţele de viitor pe care ţi le-ai făcut – pac! Au dispărut! Toate acele visuri sunt acum cenuşă la picioarele tale. Poate te surprinzi stând singură şi smotocind o pernă, sau spărgând farfurii, sau ţipând prin casă.

Este perfect normal să fii furioasă, din proprie experienţă, îţi spun că va trece şi această perioadă.

Dar una e să întreţii gânduri care vin din furie şi cu totul altceva să rămâi în aceste gânduri sau să le pui în aplicare.

Cheia vindecării este acceptarea furiei, confruntarea ei în mod deschis, gestionarea ei, iar, în final, eliberarea.

Prin urmare, lucrul cel mai bun pe care îl face furia este să te scoată din starea de „victimă" şi să te pună din nou pe picioare. Tu vrei doar să te mişti în direcţia potrivită. În plus, crede-mă că răzbunarea nu şi-ar avea rostul! M-am gândit şi eu de multe ori la asta, însă mi-a trecut repede.

Turnând gaz pe foc şi lăsând furia să te controleze, vei suferi enorm.

Suntem oameni şi ne mai apucă furia, dar să ne amintim că, pe termen lung, ne va face să suferim şi pe noi şi pe cei dragi din jurul nostru. Şi, dacă refuzăm să trecem peste trecutul nostru şi să mergem înainte, poate fi devastator.

Hai să-ţi zic un secret legat de furie pe care eu l-am descoperit şi de care te poţi ajuta!

Furia lăsată fără lesă poate fi distructivă, dar furia justificată poate fi o motivaţie puternică. După şocul iniţial, puţină furie te poate îndrepta în direcţii mai noi, mai practice, mai bune.

Furia m-a ajutat să fac acest blog, această comunitate. Eram atât de furioasă pe el pentru ce mi-a făcut şi pe mine că permisesem să ajung în acea situație, încât mi-am promis că voi face acest blog, unde voi scrie despre toate experiențele mele, astfel încât femeile să nu mai fie păcălite și abuzate.

Un loc unde femeile să găsească sprijinul și ajutorul de care eu am avut nevoie și pe care nu l-am găsit. Un loc unde să poată vorbi deschis și unde să găsească soluții la problemele lor.

Blogul a fost conceput special pentru tine, draga mea, și pentru orice femeie care își dorește să evolueze, să învețe și să se pregătească pentru orice fel de scenariu.

Astfel încât nimic să nu o mai ia prin surprindere, așa cum am fost eu luată prin surprindere și găsită nepregătită.

Prietena mea dragă, până nu vei fi în stare să te oprești pentru a-ți pune întrebări de genul de ce?, ce? și cum? s-a întâmplat asta, până nu vei fi în stare să te oprești din meditația asupra multor lucruri pe care el ți le-a făcut, până nu vei putea să te eliberezi de furia care sălășluiește într-o părticică a ființei tale, nu vei putea merge mai departe.

Nu vei fi în stare să trăiești din nou și să construiești un vis pentru tine până când nu ești cu adevărat în stare să te eliberezi de visurile pe care le-ai avut cândva.

Speranța mea este că vei ajunge să trăiești din nou.

Durerea pe care o simți e reală, la fel de reală cum a fost și a mea. Ai dreptul să fii furioasă, dar nu rămâne furioasă.

Furia este o parte reală a procesului de vindecare și nu poți trece pe lângă ea, trebuie să treci prin ea. Dar fii sigură că nu trăiești în spiritul ei și nu o transformi într-o parte din ceea ce ești și din ceea ce o să devii.

În timp ce lucrezi cu furia ta, nu uita să te îndrepți către lumina de la capătul tunelului repetându-ți:

Voi supraviețui, voi râde din nou!

Şi voi fi o FemeieDeSucces!!!

DEPRESIA

A divorța este ca și cum ai fi lovit de un camion. Dacă treci de asta, începi să te uiți cu mai mare grijă în stânga și în dreapta.

Jean Kerr

Felicitări! Cărarea despărţirii te duce acum fără ezitare pe drumul cel bun și direct către staţia numită DEPRESIE.

Spun felicitări pentru că te apropii tot mai mult de vindecare, deşi ştiu că momentan nu prea simţi asta.

Aceasta este, după cum consideră multe persoane, cea mai dificilă etapă a suferinţei.

Este perioada când, probabil, mănânci de parcă ai aştepta octeţi sau nu mănânci deloc.

Este perioada când fie dormi toată ziua, fie nu poţi dormi deloc.

Este perioada când s-ar putea să-ţi fie greu să gândeşti limpede sau să te concentrezi. Dacă visezi, nu sunt vise, ci coşmaruri. Este un loc al deznădejdii, un loc întunecat şi înspăimântător.

Aceasta este natura depresiei.

Draga mea, eu am trecut prin această etapă, am fost în această gaură neagră, în această prăpastie ce pare fără fund. Și am reușit să trec în partea cealaltă. Nu dispera.

Şi aceasta este o perioadă normală a procesului durerii şi te avertizez, chiar de la început, că cel mai rău lucru pe care îl poţi face este să te izolezi de ceilalţi.

S-ar putea să fii atât de depresivă, încât să nu faci față activităților de zi cu zi. Chiar și să te dai jos din pat poate fi o corvoadă.

Îţi sugerez să te laşi ajutată în această perioadă de familie şi de prieteni.

Nu este o perioadă bună să urmăreşti tragediile de la ştiri sau să te uiţi la filme de groază ori să asculţi un post de radio romantic. Este o perioadă bună să începi consilierea, să te vezi cu prietena cea mai bună sau cu mama.

O să trăieşti o mulţime de momente în care pur şi simplu o să cedezi nervos şi o să plângi. Nu-ţi reţine aceste lacrimi gândindu-te că trebuie să rămâi mereu în picioare.

Am fost lăsaţi cu lacrimi cu un scop. Să ne spele ochii de impurităţi şi inima de suferinţă.

Va trebui să te rogi mult, să îţi asumi responsabilităţi, să te înconjori de prieteni şi de oameni care te iubesc şi te vor face să accepţi ajutorul de care ai nevoie.

Poţi face asta. Eşti mai puternică decât crezi!!!

Depresia este normală, prin urmare, nu te gândi, te rog, că eşti nebună! Nu eşti!!!

Există atâtea resurse în jurul tău care să te ajute să faci faţă! Iar acum mă ai şi pe mine, ai această carte, ai comunitatea femeiadesucces.ro, unde sunt atâtea femei care au trecut prin ceea ce treci tu.

Nu te izola!

Înconjoară-te de persoane pozitive. Aminteşte-ţi că nu eşti singura, nu eşti nici prima, nici ultima căreia i se întâmplă asta, chiar dacă tu acum te simţi cea mai nefericită persoană de pe pământ.

Perseverează mereu, scumpă prietenă. Perseverează!

S-ar putea ca durerea să îţi fie atât de insuportabilă, încât să te doară inima la propriu. S-ar putea să crezi că faci infarct. Şi eu am trecut prin astfel de durere şi ţin minte că era îngrozitor.

S-ar putea să fi plâns atât de mult, încât să nu înţelegi cum de-au mai rămas lacrimi într-un singur om.

Dacă m-aş putea încolăci acum cu braţele în jurul tău, aş face-o! Vreau să te încurajez şi să te anunţ că vei vedea din nou lumina. Te vei trezi la o viaţă nouă.

Şi vei deveni şi o FemeieDeSucces!!!

ACCEPTAREA ŞI IERTAREA

Când oamenii divorţează este o mare tragedie. În acelaşi timp, dacă rămân împreună, poate fi mai rău.

Monica Bellucci

Am ajuns acum la cea mai importantă etapă a suferinţei provocate de despărţire – ACCEPTAREA.

Singura cale prin care poţi ajunge aici este iertarea. Este singura cale ca speranţa să apară din nou la tine.

Amărăciunea, neînduplecarea și ura nu pot sta la un loc cu dragostea, speranţa și vindecarea. Trebuie să ierţi, nu numai pe fostul partener, ci și pe tine însăţi, pentru toate defectele și eșecurile tale.

Când te gândești la el, ce îţi aduci aminte? Momente frumoase de la început sau acele nopţi fără număr în care te-ai uitat îndelung la umărul lui rece, întinsă pe pat, simţindu-te furioasă, rănită și singură?

Îţi aduci aminte de perioada când a ţipat la tine şi tu stăteai într-un colţ cu palmele peste urechi, ca şi când asta te-ar fi ajutat să treci mai uşor?

Sau poate îţi aduci aminte criticile lui subtile: „Nu vei reuși niciodată, nu ești în stare de nimic!”, „Trebuie să slăbești, arăţi îngrozitor!”

Gândește-te pentru ultima dată la ele și apoi deschide sertarul cu amintiri și aruncă-le pe toate acolo. Dacă vrei să trăiești, să râzi din nou și să mai iubești vreodată, atunci este absolut necesar să faci asta.

Trebuie să începi călătoria spre iertare și poate fi una lungă, dar eu te voi ajuta.

Dar dacă te agăți de orice chestie pe care ți-a făcut-o el vreodată, te vei ține departe de vindecare. Și el nu va fi afectat cu nimic.

Ideea e următoarea: nici eu nu pot, nici familia, nici prietenii, nici CEL de Sus nu pot să te facă să ierți trecutul. Decizia și alegerea îți aparțin, iar toți cei din jurul tău vor beneficia de asta.

Alegerea și decizia de a nu ierta înseamnă moartea sufletului tău și asta te va ține în sclavie. Te va sfâșia în bucăți și, în timp, vei muri pe dinăuntru.

Până nu am făcut asta, eu nu am putut trece peste și nu am putut să mă bucur de viață.

Acceptarea nu se poate face peste noapte. Acceptarea este un proces, o călătorie care duce spre refacere. Orice rău care ți-a fost făcut în timpul despărțirii sau până la despărțire trebuie iertat.

Trebuie să faci acest exercițiu în fiecare zi până când simți că și inima ta a înțeles asta.

Nu este suficient să îl ierți pe el. Trebuie să o ierți și pe cea cu care este el acum și pe toți cei care nu au fost de partea ta în tot acest drum.

Și partea cea mai grea nu e asta.

Partea cea mai grea este să te ierți pe tine. Procesul propriei iertări poate fi mult mai complicat decât procesul iertării fostului.

Acceptarea este un pas important și nu foarte ușor. Libertatea se găsește în iertare. Vreau ca tu să fii liberă de furia ta, liberă de amărăciune și de resentimente ca să poți fi liberă să mergi mai departe. Este o alegere pe care fiecare dintre noi trebuie să o facă.

Şi eu îmi reamintesc, pe măsură ce îţi spun ţie, că iertarea este un proces. Este extrem de dificil şi nu se întâmplă peste noapte.

Nu eşti sătulă şi obosită să te simţi bolnavă şi extenuată?

Nu eşti terminată de atâta ură?

Renunţă uşor, uşor la aceste sentimente care nu îţi fac bine şi roagă-te să fii eliberată de această grea povară. Nu te simţi descurajată dacă nu poţi ierta imediat. Furia nu a venit peste noapte şi nici nu te va elibera aşa curând.

Dar te asigur că vei reuşi să treci peste, că vei reuşi să zâmbeşti şi să te bucuri din nou de viaţă!

Şi te voi ajuta să devii o FemeieDeSucces!

CONCLUZII

- ✓ Toate admitem că este nevoie de „doi pentru un tango”, însă sunt cazuri în care divorţul este de preferat unei **căsnicii nefericite şi nesănătoase.**
- ✓ Chiar dacă eşti cea care conduce „trenul divorţului”, tot vei simţi divorţul ca pe o operaţie pe cord deschis fără anestezie. De ce?
- ✓ Pentru că atunci când te căsătoreşti devii din „doi” „unul” şi nu poţi despica „unu” fără să curgă sânge.
- ✓ Este normal să te simţi şocată. Este normal să simţi durerea. Nimic nu te pregăteşte pentru lovitura zdrobitoare care te lasă fără aer ca: „Vreau să divorţez.”

- ✓ Când treci de faza de negare din acest ciclu al durerii, poți, în sfârșit, să admiți adevărul despre ce se întâmplă, de fapt, și să începi să privești către viitor.
- ✓ Poți prelua controlul asupra vieții tale și a ceea ce se întâmplă acum.

PAŞI DE ACȚIUNE

Paşi de acțiune pentru a trece mai uşor peste o despărțire:

1. Fă tot ce poți ca să îți găsești buna dispoziție. Fă tot ce poți ca să râzi. Fă fețe caraghioase, vezi o comedie sau întâlnește-te cu persoane care știi că au simțul umorului dezvoltat. Chiar dacă la început îți este greu, chiar dacă vei râde forțat, râsul îndepărtează întunericul şi este într-adevăr cel mai bun medicament.

2. Mergi în locurile tale de suflet. Acasă la părinți, la prietena ta, la bunica etc. Chiar ar fi bine să faci o călătorie într-un alt oraş. Aruncă câteva lucruri într-o geantă și urcă-te în tren, în maşină sau în avion. Lasă-te răsfățată, alintată și îngrijită de cei care te iubesc.

3. Schimbă-ți aspectul exterior. Nimic nu sfărâmă respectul de sine mai rău decât o despărțire. Nu mai aştepta și fă-ți unghiile, părul, cumpără-ți ceva nou de îmbrăcat, începe și fă mişcare. Mergi la un salon de înfrumusețare și lasă-te răsfățată o zi întreagă.

Dacă nu îți permiți încă să faci asta, cheamă-ți prietenele și lasă-le să te îmbrace și să te facă „frumoasă ca o păpușă." Creează-ți un nou stil, astfel încât să poți să arăți şi să te simţi bine chiar şi în zilele când îţi lipseşte energia de a face mai mult decât a-ţi pieptăna părul.

4. Îmbracă-te elegant în fiecare zi şi menţine o listă cu „lucruri de făcut.” Încearcă să scrii în fiecare seară o listă cu lucrurile pe care trebuie să le faci în ziua următoare şi nu uita să incluzi activităţi care îţi fac plăcere, activităţi doar pentru sufletul tău.

CAPITOLUL VII

EXISTĂ VIAŢĂ DUPĂ DIVORŢ

UN NOU ÎNCEPUT

Iată-mă la capătul unui drum şi la începutul unuia nou.

Acum, că sunt singură, îndatoririle pe care le aveam în viaţa de femeie măritată s-au înmulţit. Totul părea că mă lovea dintr-odată – copil, casă, job, cheltuieli, probleme noi, tot tacâmul!!!

În momentele alea îmi spuneam că ar trebui să existe cursuri care să te înveţe cum să îţi stabileşti priorităţile ca mamă singură, cum să îţi revii după divorţ şi cum să te adaptezi la noua viaţă.

După ce am încercat să jonglez cu toate, mi-am dat seama că singura soluţie care îmi rămâne este următoarea:

„Theonico, fă tot ce e omeneşte posibil cu ceea ce ai!!!"

Aveam nevoie de timp să mă reobişnuiesc că trăiesc singură, că trăiesc în alt oraş. Abia mă obişnuisem cu gândul şi cu noul rol de mamă... acum trebuia să mă rescriu total, devenisem o MAMĂ SINGURĂ.

Eram destul de dură cu mine şi încercam să le fac pe toate şi să termin toate sarcinile pe care mi le propusesem. Eram ca un jongler la circ. Mamă, femeie de carieră, menajeră, asistentă şi multe altele!

Am avut o perioadă când abia mă mutasem înapoi în oraşul natal, când mă simţeam prost 24 de ore din 24, arătam prost 24 din 24, mâncam prost 24 din 24, dormeam prost. Spuneam şi făceam lucruri pe care nu credeam că le voi face vreodată şi mă simţeam ca un om ratat. Mai ales faptul că revenisem la părinţi mă făcea să simt că am dat înapoi foarte mult.

În momentul în care am luat decizia că voi divorţa, am fost aruncată într-un vârtej care, nici măcar după ce actele fuseseră semnate, nu s-a oprit.

Simţeam că se învârte atât de tare, că nu găseam nicio opţiune să sar afară. Şi când ieşeam afară, eram atât de ameţită, că nu reuşeam să îmi dau seama unde mă aflu şi încotro mă îndrept.

Divorţul m-a aruncat în acest vârtej şi mi-a creat sentimente de nesiguranţă şi de vulnerabilitate pe care nu le trăisem niciodată. Nimic în jurul meu nu mai era clar. Nu ştiam pe nimeni care să fi trecut printr-un divorţ asemănător.

Mă simţeam foarte singură, aveam impresia că eram singura care a trăit ceea ce trăiam şi simţeam eu şi eram complet nepregătită (de parcă ai fi vreodată pregătită pentru aşa ceva).

Cu atât mă simţeam mai singură, cu cât nu puteam să mă plâng nimănui.

De ce?

Pentru că divorțul l-am vrut și l-am cerut eu. Pentru că lumea era incapabilă să înțeleagă nefericirea și zbuciumul pe care eu le-am trăit pe perioada căsniciei.

Pentru că lumea îmi spunea că, dacă m-am căsătorit, trebuie să mă adaptez şi să mă port ca o soţie. Și încerca să mă convingă de faptul că nu poți fi mereu fericit într-o căsnicie.

Că, dacă eşti nevastă acum, trebuie să înduri şi să suferi pentru „bunul mers al familiei."

Cu atât mai mult cu cât aveam și un bebeluș.

Cum de ai renunțat așa ușor? mă întrebau cunoștințele după divorț.

„Uşor? Asta spui tu că e uşor? Ştii tu prin câte am trecut eu şi câte am suferit până să-mi iau inima în dinţi să fac acest pas?", îmi spuneam eu în gând.

Cu toate că nu mi-a fost uşor şi că am avut o perioadă foarte grea imediat după divorţ, nu a fost nici măcar o zi în care să regret pasul pe care l-am făcut.

Ba din contră. M-am felicitat mereu pentru curajul pe care l-am avut, pentru tăria şi puterea de care am dat dovadă.

Cum m-am dat jos din tiribomba aia afurisită şi cum am reuşit până la urmă să mă reorientez?

M-am reîntors cu faţa spre mine.

Am început să scriu în continuare, să scriu şi să scriu... să îmi vindec rănile prin scris.

Ţi-am spus că deja aveam blogul femeiadesucces.ro (la cererea unei cititoare) şi deja primeam mesaje de la cititoare. Asta mă ajuta enorm. Şi faptul că ştiam că povestea mea ar putea să ajute alte femei aflate în situaţii asemănătoare.

În inima mea începuse să se nască un bob de dorinţă de a face din FemeiaDeSucces o mare comunitate de femei care să se sprijine reciproc, comunitate care să te ajute să zbori spre cele mai înalte culmi.

Faptul că am început să dăruiesc din inimă şi altora îmi umplea sufletul de iubire şi de împlinire.

Faptul că mă conectasem la un scop atât de măreţ mă ajutase să ies din depresie.

Iată o parte dintre gândurile mele de atunci:

Sunt într-un moment mai delicat al vieţii mele.

Spun că e mai delicat în comparaţie cu experienţele prin care am trecut până la această vârstă. Unii spun că am fost „răsfăţată." Eu zic că pur şi simplu părinţii au încercat să mă ferească cât au putut de mult de ***greutăţile vieţii*** *şi au vrut să îmi ofere o copilărie frumoasă şi o viaţă uşoară.*

Nu ştiu dacă e normal sau nu, dar poate că şi eu voi proceda la fel. Voi face tot ce îmi va sta în putinţă să îi ofer tot ce e mai bun copilului meu, însă voi încerca să îl fac să înţeleagă că trebuie ***să lupte, să muncească şi să persevereze pentru ceea ce îşi doreşte şi că lucrurile cu adevărat valoroase se obţin cu efort.***

De aceea, oricât de greu mi-ar fi, ***oricât de mult aş suferi*** *acum şi oricât de* ***grea şi singură mi-ar fi inima*** *în acest moment, nu mă voi da bătută, nu mă voi mulţumi cu puţin şi îi voi oferi o* ***viaţă frumoasă***.

Cred că nimic nu e întâmplător. Poate că viaţa vrea să îmi dea o lecţie, din experienţele prin care trec voi avea de învăţat multe, mă vor face mai puternică. Cu siguranţă, înainte de această experienţă nu eram matură deloc şi acum procesul meu de maturizare a fost grăbit.

Îmi amintesc că până şi în basme personajul principal trecea prin nişte probe (drumul iniţiatic) pentru ca, în final, să fie pregătit să primească „ÎMPĂRĂŢIA, FATA DE ÎMPĂRAT şi FERICIREA" (ştiu, ştiu... ăla era doar un basm).

Prefer să gândesc în acest fel decât să încep să îmi plâng de milă, să mă lamentez şi să mă consider ghinionistă. La urma urmei, trăieşti „astăzi" ceea ce ţi-ai pregătit „ieri" şi, fie că vrem sau nu să acceptăm, noi suntem răspunzători de ceea ce ni se întâmplă. Noi, nu SOARTA, nu X, nu Y, nu, nu, nu...

Asta este. What is done is gone... *Important este să învăţ din greşeli şi să găsesc o rezolvare situaţiei în care mă aflu. Este momentul să devin independentă, să nu mă mai bazez pe nimeni. Să învăţ să mă descurc singură. Trebuie să fiu un model pentru copilul meu. Să pot să îi ofer o educaţie bună, să îi ofer o viaţă frumoasă şi condiţii bune pentru a se dezvolta frumos. Dar, mai ales, trebuie să fiu mămica de care el să fie mândru.*

Dacă eu voi fi împlinită, fericită și împăcată cu mine, și el va fi. În interiorul meu am toate resursele necesare pentru a obține tot ce îmi doresc. Trebuie doar să cred, să știu ce caut, să le caut și să le găsesc.

Dacă îți dorești ceva cu adevărat, cu toată puterea, cu toată ființa și dacă vei acționa în acest sens, vei obține.

Sunt încrezătoare că viața mi-a pregătit o surpriză plăcută. Universul vrea ca eu să fiu fericită și să am tot ce îmi doresc, chiar dacă acum am rămas fără nimic, în afară de David, comoara mea!

Din acest moment, nu voi mai lăsa niciun gând negativ să mă copleșească și să mă oprească din drum. Nu voi lăsa pe nimeni să mă tragă în jos. În viața mea voi lăsa să intre doar persoanele care merită cu adevărat, care rezonează cu mine și cu principiile mele.

Nu mai vreau persoane false, negative, delăsătoare, crude, egoiste, superficiale etc. Am auzit păreri de genul: „pentru a face bani trebuie să calci peste cadavre, să nu îți pese de nimeni, decât de tine." Chiar nu cred că pentru a reuși în viață trebuie să ai toate aceste „atuuri."

Și, chiar dacă ar fi așa, eu nu pot să fiu așa, nu aș putea pune capul pe pernă noaptea știind că poate am făcut pe cineva să sufere în mod voit sau că acțiunile mele ar putea afecta viața altor persoane. Cu atât mai mult, să mă bucur de niște lucruri materiale pe care nu le merit.

CRED într-o lume mai bună, sunt convinsă că mai sunt încă mulți oameni corecți și sufletiști pe lumea asta. Și sper încă în faptul că mulți dintre cei care nu mai sunt așa se vor îndrepta și vor reveni pe calea cea bună.

Dar, până să devină toată lumea așa, eu îmi voi crea lumea mea mai bună și mai frumoasă. Pentru mine și pentru copilașul meu. Mă voi lăsa înconjurată de astfel de persoane şi cu restul voi încerca să intru cât mai puţin în contact.

Cam aşa mă încurajam eu prin scris! Şi a funcţionat de minune!

Îţi dai seama, draga mea, că şi tu ai luat parte la vindecarea mea?

Îţi mulţumesc că exişti şi că faci parte din comunitatea femeiadesucces.

Cum să nu dau mai departe?

Cum să nu fac tot posibilul să te ajut?

Pe tine şi pe restul femeilor din comunitate?

Din comunitate mi-am luat o mare parte din energie, am amplificat-o şi acum o reîntorc de unde am primit-o, prin această carte.

Vreau să ne ajutăm reciproc, pentru că acesta este rolul acestei comunităţi: să ne ajutăm să trecem peste momentele dificile şi apoi să evoluăm împreună.

Scriind, am reuşit să mă vindec, am reuşit să accept situaţia, să o văd aşa cum era ea în realitate, nu aşa cum o vedeam eu, neagră şi fără de speranţă.

Şi m-a ajutat să pot recunoaşte în faţa lumii prin ce treceam. Nu a fost uşor, însă, odată ce am pus pe hârtie povestea mea, odată ce am reuşit să mă iert şi să mă accept, nu am mai avut niciun fel de teamă de gura lumii.

Până la urmă, nu greşisem cu nimic. Îmi urmasem inima şi trăisem aşa cum am simţit şi, în momentul în care viaţa mea nu mai corespundea deloc cu ceea ce simţea inima mea, am renunţat şi am luat-o pe alt drum.

Am refuzat să trăiesc o viaţă care nu mă împlinea, o viaţă care nu era a mea. Şi bine am făcut, pentru că ceea ce a urmat de atunci a fost de-a dreptul incredibil.

Uşor, uşor, am început să îmi dau seama ce bine e să nu mai am grijă de el, un egoist fără inimă, ce bine e să nu dai socoteală nimănui şi să nu mai stai îngrijorată pentru o persoană care ajunge în fiecare noapte acasă după ora 12.

ROLUL DE MAMĂ SINGURĂ

Nu am crezut niciodată că voi fi o mamă singură. Este un rol greu de îndeplinit pe cont propriu. Cu toate acestea, fac ceea ce trebuie să fac ca să fiu sigură că nevoile fiului meu sunt satisfăcute, iar mediul este sigur și sănătos.

Am crescut într-un cămin cu ambii părinți și, prin urmare, am acceptat cu greu să fiu mamă singură, pentru că părinții mi-au fost alături și asta voiam și eu pentru fiul meu.

Cu toate acestea, mă simt binecuvântată și știu că cineva acolo SUS mă iubește mult pentru că, în ciuda situației mele, am găsit mereu soluții pentru a mă descurca și am avut o viață foarte frumoasă după divorț.

Da, sunt o mamă singură, iar slujba asta poate fi grea din când în când, dar sunt recunoscătoare pentru faptul că sunt părinte.

IATĂ CÂTEVA MOTIVE PENTRU CARE TREBUIE SĂ TE BUCURI CĂ EȘTI MĂMICĂ SINGURĂ

1. Deciziile sunt luate doar de tine. Nu trebuie să consulţi pe nimeni despre tehnici de creştere a copilului, reguli în casă, opţiuni în educaţie etc.

Astfel, nu mai există nici acea tensiune creată de opiniile divergente dintre părinți, nu trebuie să renunți niciodată la ceva în care tu crezi cu adevărat doar pentru că el nu este de acord.

2. Cuvântul tău este lege. Nicio şansă pentru bine cunoscuta replică: „da, dar tati a zis că am voie" sau „tati e mai bun pentru că mă lasă acolo."

3. Tu eşti atât „poliţaiul bun", cât şi „poliţaiul rău." Tu te ocupi de disciplină, dar, în acelaşi timp, şi de toate chestiile amuzante şi drăguţe.

4. Copiii tăi vor ajunge să te cunoască mai bine, în special când vor mai creşte, pentru că petrec mai mult timp cu tine.

5. Într-o zi, poţi să fii egoistă şi leneşă, dacă aşa ai tu chef. Nu va mai exista acea grijă permanentă că trebuie să fie totul lună pentru că cine ştie ce va zice când va veni acasă, cum să dorm dacă el nu doarme... şi chestii din astea.

6. Dacă într-o seară pur şi simplu nu eşti în starea necesară să pregăteşti cina, puteţi comanda cea mai mare pizza. Cine te va opri? (Nu înseamnă că încurajez mâncatul nesănătos, nu luaţi cuvintele mot-à-mot.)

7. Poţi împărţi treburile casei cu copilul tău sau cu copiii tăi.

8. Când copilul va fi mai mare, va înţelege, te va aprecia şi îţi va mulţumi enorm pentru că ai fost în stare să fii o mămică atât de bună, deşi ai fost singurică.

9. Mie îmi place la nebunie să merg cu el la shopping. Şi să îi iau cele mai la modă haine. Şi nu trebuie să dau nimănui explicaţie cât am dat pe ele şi de ce i-am cumpărat atât de multe. Un singur băieţel are mami!

10. Ştiu că uneori e greu că trebuie să le faci tu pe toate. Şi că nu ai ajutor, dar te asigur că **80% dintre cele măritate nu sunt ajutate de soţ.** Aşa că mai bine nu te umpli de resentimente pentru că l-ai rugat să îţi facă ceva şi el tot nu ţi-a făcut.

Hai, că nu e aşa de rău să fii o mămică singură. Nu eşti nici prima şi nici ultima femeie singură

cu copii. Eu cred că totul vine din interiorul tău. Depinde cum vrei să te simți.

Din dragoste pentru copilul meu...

Am făcut aproximativ **2460 de biberoane** cu lapte.

Am schimbat aproximativ **3670 de pamperşi.**

Şi, de când s-a născut, nu cred că am dormit cinci nopţi de seara până dimineaţa fără întrerupere.

Am învăţat să fac orice activitate cu o singură mână, deoarece în cealaltă îl ţineam pe el.

Asta a fost aşa, ca să începem într-o **notă amuzantă** pentru cei care nu ştiu ce presupune un copil.

În realitate, chiar nu contează şi, ca părinte, nu ţii cont de toate astea.

Divorţul a fost o decizie pe care am luat-o tot cu gândul la el.

Acum mulţi îmi vor spune că nu am dreptate şi că, dacă mă gândeam la el, nu divorţam.

De altfel, mai aud asta uneori de la cei cu care mă întâlnesc, dar părerea mea e alta.

De ce spun că am făcut asta tot cu gândul la el?

Pentru că nu voiam să crească şi să vadă că mami şi tati nu se înţeleg sau, mai rău, că se ceartă mereu şi că îşi adresează cuvinte răutăcioase.

Pentru că nu voiam să aibă nişte părinţi trişti şi frustraţi.

Pentru că doi oameni care nu se mai înţeleg şi care au o căsnicie doar de dragul copilului, clar, nu ar putea fi nişte oameni fericiţi şi, cu atât mai puţin, împliniţi. Iar un copil simte asta.

Recunosc că a fost o perioadă în care îmi puneam întrebarea dacă am făcut bine ce am făcut, dacă nu cumva e o greşeală greu de reparat faptul că am făcut un copil la

23 de ani și faptul că, deși mereu mi-am dorit o familie unită și fericită în care să crească copilul meu, iată că, din păcate, căsnicia mea a eșuat.

Apoi am început să mă întreb dacă mă voi descurca, dacă nu cumva am distrus și viața mea și a copilului, dacă nu era poate mai bine să trec cu vederea neînțelegerile pentru a fi în continuare o familie.

Acum nu îmi mai pun nicio întrebare de genul ăsta. Pur și simplu, David este tot ce am mai de preț și nu este o greșeală, în niciun caz. Ba chiar îl privesc ca pe cea mai mare comoară pe care viața mi-a oferit-o.

Nimic nu e întâmplător. Toate se întâmplă cu un scop. **Acest copil a venit pe această lume cu o misiune.** Şi, cu siguranţă, era nevoie de o combinaţie de gene dintre genele mele şi genele tatălui său pentru a ieşi David.

Poate că din această combinaţie a ieșit un geniu sau un talent aparte ori pur și simplu era nevoie de această combinaţie de gene pentru ca el să își îndeplinească misiunea pe acest pământ. Și era nevoie ca el să se nască acum.

Cert este că voi face tot ce îmi stă în putință pentru a-i oferi cea mai bună educaţie, ca să aibă parte de tot ce e mai frumos pe această lume, îl voi învăța să iubească viața, să iubească oamenii și natura.

Îl voi învăţa să trăiască cu pasiune şi îl voi ajuta să îşi descopere pasiunile şi apoi să le valorifice.

Îi voi fi model în viaţă şi îl voi înconjura de oameni de valoare, care să îl inspire și care să îl motiveze să vrea mai mult.

Sunt convinsă că voi reuși să fiu o mamă bună. Mă voi descurca de minune. Pentru că totul vine din **interior**. Toată forța de care am nevoie, toată energia și răbdarea, inspirația și înțelepciunea de care am nevoie pentru a-l crește așa cum îmi doresc.

Pentru asta trebuie să am mai întâi eu o **viață frumoasă și împlinită,** pentru că, astfel, voi reuși să fiu o mamă bună.

Sunt pro familie, sunt o familistă convinsă şi admir din tot sufletul familiile unite și care trăiesc în armonie și își cresc frumos copiii. Dar, dacă nu se poate, atunci e de preferat despărţirea decât să se sacrifice toţi membrii familiei şi, la rândul lor, şi copiii.

Nu îl voi vorbi niciodată de rău pe tatăl său şi îl voi învăţa să îl iubească şi să îl respecte. Ba, chiar vreau să petreacă timp şi cu el. De ce nu? Este tatăl lui şi trebuie să aibă figura paternă prezentă în viaţa lui pentru a se dezvolta armonios.

Copilul meu îmi dă putere. Şi am un motiv în plus să fac tot posibilul să fiu o femeie de succes în toate domeniile pentru ca el să fie mândru de mami a lui. Pot să le am pe toate şi merit asta. Atât eu, cât şi copilul meu.

Capul sus!

Hai, că se poate!

Luptă și dă tot ce ai mai bun din tine și vei reuși. Sau te mulţumeşti cu gândul că ai pierdut fără ca măcar să încerci să faci ceva?

Dacă simţi că nu mai ai puterea de a merge mai departe sau dacă ai nevoie de un sfat și de o mână de ajutor (în măsura în care voi putea să te ajut), nu ezita să îmi scrii și împreună vom găsi soluții, vom găsi rețeta succesului tău.

Îmi doresc din suflet să văd cât mai puţine femei sacrificate şi cât mai puţini copii care suferă din cauza părinţilor.

Ești direct responsabilă de viața copilului tău, de educația lui și de dezvoltarea lui. Este important ca el să aibă o mămică veselă și împlinită. Optimistă și plină de viaţă. Odihnită şi relaxată. Tu eşti modelul lui şi e important ce exemplu de viaţă îi dai.

De aceea, înainte de toate, trebuie să te concentrezi asupra ta şi asupra dezvoltării tale, pentru a-i putea da un bun exemplu de viaţă şi pentru a-i oferi cadrul propice dezvoltării lui armonioase (fizice, psihice şi spirituale).

În zilele când te simţi singură, neajutorată, când simţi că problemele şi grijile te depăşesc, opreşte-te pentru câteva momente din alergătură şi fă ceva pentru tine, ceva ce îţi place cel mai mult...

Du-ţi întâi copilul pentru o oră, două la o prietenă, la o bunică, la un vecin sau la un loc de joacă şi petrece timp cu tine.

Ce îmi place mie să fac în astfel de momente:

✓ Să savurez o cafea bună pe terasă sau pe balcon, alături de cartea preferată.

✓ Să probez în oglindă fel de fel de ţinute, să fac fel de fel de combinaţii şi apoi să mă privesc în oglindă şi să îmi spun că sunt minunată.

✓ Să mă răsfăţ cu o baie cu spumă şi aromaterapie.

✓ Să merg la cumpărături.

✓ O pereche de pantofi noi sigur mă scoate din starea proastă.

✓ Să dansez.

✓ Să cânt.

✓ Să fac gimnastică.

✓ Să ascult sau să citesc materiale motivaţionale.

Şi acum, îţi propun 10 ponturi pentru mămici, într-o abordare pozitivă, cu un impact puternic.

Ştiu că eşti în căutare de sfaturi de ultimă generaţie referitoare la copilul tău, care să poată totuşi fi implementate cu uşurinţă.

Cele 10 pe care ţi le voi prezenta în continuare mi-au fost de un real ajutor, făcându-mi viaţa mai uşoară şi mai plăcută (şi sper că se vor dovedi la fel de utile şi în cazul tău!).

De asemenea, ele au rădăcini adânci într-o filosofie a încrederii, al cărei scop este dezvoltarea, în interiorul copiilor, a unei stime de sine reale, autentice.

Copilul tău imită perfect ceea ce vede! În concluzie, ce semeni, aia culegi!

Mulţi părinţi sunt, pe parcursul vieţii, inconştienţi de măsura în care acţiunile şi alegerile lor involuntare îi afectează pe copii.

Unul dintre primii paşi, atunci când vorbim despre creşterea copiilor şi dezvoltarea încrederii pe care aceştia o au în ei înşişi, este să ne dăm seama ce facem, de fapt.

Să încercăm, deci, să acordăm mai multă atenţie felului în care vorbim cu copilul nostru, în care ne rezolvăm conflictele, să ne reevaluăm ideile şi normele după care ne ghidăm etc.

De ce este atât de important să fim conştienţi de toate aceste aspecte? Deoarece copiii imită perfect ceea ce văd!

Fiecare atitudine sau mod de a reacţiona: de exemplu, vibraţia pe care o emitem, abilităţile de comunicare sau strategiile de a copia pe care le folosim, raţionamentele, perspectiva de ansamblu asupra vieţii, pentru toate acestea şi pentru altele, copilul nostru va genera modele asemănătoare. Este logic şi asta fac toţi copiii!

Aşa că dacă:

✓ Vedem viaţa ca pe o luptă constantă, în general, ne simţim tensionaţi şi suntem inabordabili...

✓ Nu ne respectăm copiii şi, de cele mai multe ori, îi limităm prin prea multe reguli şi condiţii...

✓ Nu suntem prezenţi în momentul de faţă şi nu ne facem timp să ne ascultăm copilul...

✓ Avem tendinţa să ne înfuriem într-o discuţie şi să ne impunem punctul de vedere, pentru că e mult mai uşor aşa decât să încercăm să vedem lucrurile prin ochii celorlalţi... Atunci ne vom trezi că ni se aruncă în faţă exact aceleaşi reacţii şi atitudini.

Astfel încât, reţinerea şi aplicarea acestei teorii referitoare la mimetismul copiilor noştri ne vor ajuta enorm (chiar dacă sună, la prima vedere, ciudat).

De fiecare dată când ne simţim încercaţi, e o idee foarte bună să ne aducem aminte că felul în care vom reacţiona va modela viitoarele reacţii ale copiilor noştri şi, astfel, să fim mai vigilenţi.

Vom reuşi, deci, cu mai multă uşurinţă să avem un comportament mai degrabă pozitiv, ajutându-i pe copiii noştri să-şi crească stima de sine, în loc să-i descurajăm.

Următoarele sfaturi au la bază acest principiu: „Culegi ceea ce semeni” şi se referă la încercarea noastră de a ne încuraja copiii în ceea ce priveşte respectul de sine, înţelegerea, un oarecare grad de autonomie şi de a-i asigura că au iubirea noastră necondiţionată şi tot sprijinul.

1. Oferă-i copilului tău puterea atitudinii pozitive!

Copiii noştri sunt foarte, foarte sensibili, iar starea noastră mintală este incredibil de „contagioasă.” Ei sunt ca nişte bureţei – vor absorbi pur şi simplu orice li se dă.

De exemplu, dacă eu îmi fac griji: „Dumnezeule, fiul meu este aşa dificil astăzi!", sunt şanse foarte mari ca el să-şi însuşească imediat din stresul şi energia negativă emise.

Aşa că, fiind conştienţi de dispoziţia şi de comportamentul nostru şi alegând, conştient, ce vrem să-i transmitem copilului, vom începe uşor, uşor să fim părinţi mai buni şi să avem o atitudine pozitivă.

Referitor la aceasta, mai am următoarele sugestii:

Încearcă să te consideri o oglindă: „Tot ce emit va ajunge la copilul meu." Este un mod foarte bun de a deveni din ce în ce mai conştienţi de atitudinile şi de dispoziţiile noastre.

Urmăreşte-ţi cu atenţie modul în care vorbeşti despre lume: pune accentul pe posibilităţile care se ivesc („A început ploaia, hai să ne luăm cizmele şi să începem să călcăm în toate bălţile!") sau dimpotrivă: („A început ploaia, aşa că, dacă ieşim afară, o să ne udăm şi o să răcim!").

2. Aşteptările pozitive vor scoate la iveală tot ce e mai bun în copilul tău!

Nu numai copilul nostru poate fi văzut ca o maşină de copiat, ci întreg universul. Şi lucrurile merg în felul următor: indiferent care este obiectul atenţiei tale, îl vei atrage! Este o lege naturală!

Aşa că, dacă te aştepţi la lucruri bune de la copilul tău, el va încerca să se ridice la nivelul aşteptărilor tale. În orice caz, lucrul ăsta funcţionează şi în sens invers.

Dacă te aştepţi în fiecare clipă ca el să nu te asculte, copilul tău este suficient de inteligent încât să-ţi simtă lipsa de încredere şi să asculte de intenţiile tale nespuse: vei primi, în concluzie, exact ceea ce aştepţi!

Deci, într-un fel sau altul, totul ţine de alegere. Alegerea noastră legată de ceea ce ne dorim.

Să mai vorbim puţin despre cum să reuşim să avem întotdeauna aşteptări pozitive:

Ai încredere în copilul tău şi în puterea lui de a face faţă provocărilor moderate din viaţa de zi cu zi: şi arată-i asta copilului, fiind răbdător şi convins că se va descurca. Încrederea primită din partea părinţilor este adevărata încurajare de care copiii noştri au nevoie!

Pregăteşte-ţi copilul pentru evenimentele ce vor urma, vorbind cu el despre posibilităţile viitoare şi exprimându-ţi aşteptările pozitive!

Pregăteşte-te şi ai încredere că serile voastre vor fi calme, pline de bucurie şi că toţi veţi fi pe deplin prezenţi, iar apoi observă pur și simplu câtă putere au aşteptările pozitive.

3. Încearcă să îți regândești credințele, principiile şi să adopţi unele care chiar şi-au dovedit eficienţa!

Convingerile din mintea noastră sunt puternice – şi ăsta poate fi atât un lucru bun, cât şi unul rău.

Din păcate, de cele mai multe ori, ele sunt ca un virus, care ne ghidează acţiunile, iar noi nu avem nici cea mai vagă idee despre ce se întâmplă. Am putea spune că suntem pur şi simplu nişte marionete. Şi chiar nu e o exagerare.

Cel mai adesea, credinţele astea sunt doar reguli şi norme generale ineficiente și – îmi pare rău că folosesc cuvântul acesta – de-a dreptul idioate!

Când copilul tău se revoltă împotriva unei idei (de exemplu, nu are chef de cumpărături în fiecare după-amiază când îl iei de la grădiniță) – el îți face, de fapt, o favoare, forțându-te să îți regândești principiile, filtrându-le pe cele care nu-ți mai sunt de folos pe viitor.

Alte sugestii: atunci când vrei ca cel mic să facă un anumit lucru și copilul nu e entuziasmat de idee – **uită-te din nou la cerința ta și evaluează-o, cu ochi critici.** (De exemplu, ideea că un copil ar trebui să doarmă la ora opt.)

Apoi întreabă-te în ce măsură crezi tu în asta: dacă are sens și e potrivită pentru copilul tău, care este unic și are nevoile lui specifice.

Atunci când ești convins de un anumit lucru și vrei să îți dai seama dacă te ajută sau mai mult te încurcă în viața de zi cu zi, **întreabă-te**: ideea asta vine din interiorul meu? Sau sunt pur și simplu rigid din punct de vedere mintal?

Dacă este a doua variantă – adică pur și simplu este așa pentru că așa trebuie să fie –, cel mai probabil ideea este doar o regulă care s-ar putea să acționeze contrar nevoilor copilului tău.

Dacă simți însă că vine din interiorul tău, cel mai probabil ai simțit o nevoie reală a lui – și atunci nu e nevoie să renunți la acea convingere.

4. Acordă-i încredere copilului tău și implică-l în activitățile tale – va face față!

Cei mai mulți dintre noi am crescut cu convingerea că, pentru a dezvolta responsabilitatea și independența copiilor, trebuie să le oferim reguli de nestrămutat și să îi învățăm să facă așa cum li se spune. În orice caz, atunci când îl incluzi pe copilul tău în procesul de luare a deciziilor și îi dai voie să își spună părerea, îl înveți, de fapt, ce înseamnă să fie responsabil în alegerile lui.

Tot astfel, îi dezvolți încrederea în intuiția personală, îl faci să înțeleagă cum funcționează asta și îl atenţionezi asupra semnalelor pe care sufletul şi corpul lui le emit.

Alte idei referitoare la încredere şi implicare:

Stabileşte nişte reguli generale şi dă-i copilului tău dreptul să-şi exprime părerea: de exemplu, pune pe masă, la cină, doar mâncare ce provine din surse sigure (asigură-te că nu e nimic nesănătos acolo – astfel încât corpul copilului tău va putea alege corect).

Apoi dă-i libertatea să aleagă, atât alimentele, cât şi cantitatea de care consideră că are nevoie. Acesta este un exerciţiu foarte bun, în sensul că îl va ajuta pe copilul tău să aibă încredere în instincte atunci când vine vorba despre mâncarea, poftele sau nevoile lui!

Dă-i şansa să abordeze mai multe provocări – de exemplu, lasă-l să se caţăre pe anumite aparate din zona de joacă – ignorând teama pe care astfel de situaţii ţi-o provoacă, de obicei.

Astfel, îi vei arăta că ai încredere în el/ea. Şi, ca rezultat, copilul va începe să dezvolte o gândire de genul „pot să fac asta."

5. Fă-l să vadă lumea în culori vii, printr-un limbaj pozitiv!

Cuvintele sunt extrem de puternice. Pot, cu mare uşurinţă, să deschidă o mulţime de posibilităţi şi situaţii plăcute, în aceeaşi măsură în care generează limitări şi interdicţii. Iată câteva sugestii despre limbajul pozitiv folosit cu copiii.

Încearcă să foloseşti „NU" doar atunci când e neapărat nevoie. De exemplu, în loc să spui „Nu, nu poţi sta pe locul din faţă, pentru că eşti prea mic", încearcă ceva de genul: „Locul din spate este locul tău. Acolo ai toate jucăriile şi, de asemenea, o/îl poţi ajuta pe mama/tata să găsească drumul bun!"

Când totuşi nu poţi evita „Nu”-ul, explică-i atent hotărârea ta, dându-i exemple clare ale consecinţelor.

„Îmi pare rău, dar nu te poţi juca cu maşinuţele tale în mijlocul străzii. Vezi maşinile care circulă pe acolo? Vin cu viteză mare şi s-ar putea să nu vadă că tu eşti acolo. Şi dacă nu te văd, ar putea să te lovească. Iar asta o să doară foarte tare. Deci nu crezi că ar fi mai bine să-ţi desfăşori cursa de maşini în grădină? Eu cred că e o soluţie!”

6. Fă-ţi ziua mai uşoară şi încearcă să-ţi înţelegi copilul!

Viaţa de zi cu zi poate fi cu mult mai uşoară dacă ne-am concentra pur şi simplu să înţelegem motivele pentru care copilul nostru acţionează în felul în care o face.

De multe ori, e agitat sau furios pentru că are o anumită nevoie (de exemplu, de atenţie, de acceptare, îi e foame, e obosit, are nevoie să fie mângâiat etc.) şi vrea să i-o îndeplinim.

Încercând să ne punem în locul lui şi să îi înţelegem acţiunile şi atitudinea din punctul lui de vedere, ne luăm copilul în serios. Iar asta e reţeta de bază a respectului.

În continuare, iată câteva ponturi legate de empatie:

Când copilul este trist sau furios, încearcă să rămâi calm şi să te cobori la nivelul lui, încercând să înţelegi ce anume stă în spatele acestui comportament (nevoia de atenţie, de acceptare, foamea, oboseala, nevoia de contact fizic) şi apoi să faci tot ce poţi pentru a-i satisface acea nevoie.

Încearcă să nu îţi vezi copilul ca fiind doar un obraznic sau un duşman cu care trebuie să te lupţi ca să îl pui la punct.

O abordare mult mai satisfăcătoare a crizelor este aceea în care înțelegi că fiul/fiica ta are o nevoie care, pentru moment, nu îi este îndeplinită. Să vezi lucrurile în felul ăsta poate fi destul de dificil pentru tine, dar merită!

7. Străduiește-te să fii cinstit cu copilul tău!

Unii părinți consideră că pot ieși mai ușor din anumite situații dacă mint. De exemplu, la grădiniță, pentru copii poate fi amuzant să spună lucruri de genul: „Nu îmi place ceapa, e pur și simplu dezgustătoare!"

Iar asta va deveni o convingere pe care copilul și-o va exprima și acasă. În concluzie, ar putea fi mult mai ușor pentru tine să spui că nu ai pus ceapă în rulada cu carne, știind foarte bine că nu își va putea da seama.

Strategia funcționează atunci, pe moment, dar, la un moment dat, copilul tău va afla că l-ai mințit și... ce va învăța? „E în regulă să mint, dacă lucrurile se aranjează așa cum vreau eu!" Dar asta nu e, știm cu toții, un lucru bun.

În continuare, iată câteva sfaturi legate de onestitatea față de copiii noștri:

Atunci când copilul tău îți mărturisește că a făcut ceva rău, încearcă să rămâi calm, deschis și să abordezi o atitudine constructivă.

De ce? Pentru că, pe termen lung, vrei ca el/ea să vină la tine atunci când va avea probleme. Însă dacă se teme de reacția ta (fie că e furie, fie că e dezamăgire), este foarte probabil că va încerca, pe viitor, să își rezolve de unul singur problemele. Așa că, de acum încolo, alege să încurajezi sinceritatea copilului tău!

Copilul tău nu e niciodată prea mic pentru o explicație sinceră!

Dacă nu înțelege de ce i-ai spus „nu" sau pur și simplu vrea să știe de ce lucrurile sunt într-un anume fel, încearcă să îi oferi o explicaţie sinceră, fără să îl faci să se simtă vinovat, detaliindu-i consecinţele.

De exemplu: „Atunci când l-ai lovit pe Rareş, lui nu i-a plăcut. Şi l-a durut braţul. Şi s-ar putea să-l fi durut atât de mult, încât să fi început să plângă. Dacă Rareş îţi ia ceva, ar fi o idee bună să îi ceri pur şi simplu să îţi dea lucrul acela înapoi. Şi, de asemenea, poţi să vorbeşti cu unul dintre adulţi despre asta."

8. Dacă îi arăţi respect copilului tău, te va respecta şi el!

Dintr-un motiv sau altul, oamenii consideră că, din cauza vârstei mici, copiii nu sunt îndreptăţiţi la acelaşi respect. Oricum, ceea ce nu realizăm este că, tratându-ne copiii cu respect, îi vom determina să ne răspundă în acelaşi fel.

Câteva sugestii în continuare, legate de acest aspect:

Nu îţi poţi învăţa copilul ce este respectul. În schimb, i-l poţi oferi. De fapt, orice deprindere doreşti să dezvolţi în copilul tău (compasiunea, înţelegerea, răbdarea etc.), trebuie dezvoltată şi stăpânită în primul rând de tine.

Când încerci să priveşti lucrurile prin ochii copilului tău, înlături o mare parte din riscul unor decizii forţate, lipsite de respect faţă de el.

Când ţii cont de limitele lui (poate nu vrea să meargă la toaletă acum sau nu îi e foame), copilul va învăţa, intuitiv, să nu-ţi depăşească nici el graniţele. Din nou, vorbim despre puterea efectului oglinzii!

9. Onorează-ţi copilul cu prezenţa ta totală.

Prezenţa totală este, probabil, una dintre cele mai importante unelte pe care le ai, ca părinte – aceasta constă în a-ţi vedea copilul exact aşa cum este şi e recunoscut efectul terapeutic pe care acest lucru îl poate avea.

Ştiu că este dificil să îi acordăm atenţie copilului atunci când suntem împovăraţi de griji şi de probleme.

Dar dacă, spre exemplu, reuşim să îl băgăm în seamă atunci când gătim (vorbind cu el şi implicându-l în ceea ce facem noi), în loc să îl ignorăm, generând frustrare, vă pot spune din experienţă că aceste dovezi mărunte de prezenţă pot avea un efect extraordinar.

Copilul se va simţi văzut şi auzit şi, drept urmare, va accepta mult mai uşor situaţia.

Faptul că te accepţi şi îl implici pe copil îl va face şi pe el mult mai pregătit şi binevoitor să accepte ideea că eşti ocupată cu gătitul. Pur şi simplu, acelaşi efect de oglindă despre care vorbeam!

Atunci când copilul tău se comportă urât sau e furios şi frustrat, încearcă să te abţii din a aborda acelaşi comportament. În schimb, întâmpină-l acceptându-l – asta înseamnă să fii un părinte bun, necondiţionat.

Faptul că îţi accepţi copilul, deşi el nu se poartă tocmai bine, este incredibil de puternic în crearea acelei conexiuni!

10. Sprijinul necondiţionat pe care i-l arătăm copilului nostru îl va ajuta să-şi construiască şi să-şi consolideze stima de sine!

Nu sunt puţini cei care cred că, lăudând constant acţiunile unui copil, îl ajutăm să capete încredere în el. Dar nu sunt neapărat de acord cu această abordare.

Ridicându-i în slăvi reuşitele, copilul ar putea crede că afecţiunea noastră vine din faptul că el are un comportament care corespunde aşteptărilor: „Dacă mă port frumos şi îi impresionez pe ai mei, atunci voi primi acea atenţie pozitivă de care am nevoie."

Aceste „programări" îl vor face să caute apreciere, deoarece a învăţat că aşa va primi ceea ce îşi doreşte. În orice caz, sprijinul necondiţionat – încurajarea a ceea ce copilul nostru ESTE – înseamnă cu totul şi cu totul altceva.

Şi aici am câteva sfaturi legate de sprijinul pozitiv:

Încearcă să nu evaluezi acţiunile copilului tău în termeni de reuşite şi eşecuri. „Desenul ăsta e cu adevărat foarte, foarte bun" sau „Asta nu e deloc în regulă."

Încearcă, în schimb, să te concentrezi asupra felului în care copilul s-a simţit în procesul ăsta. „Povesteşte-mi despre desenul tău! Se pare că te-ai distrat în timp ce l-ai făcut!"

Încearcă să nu foloseşti pedepsele, ameninţările sau mita ca moduri de a controla comportamentul copilului: să-ți răsplăteşti copilul când se ridică la înălţimea standardelor tale („Eşti un băiat/o fetiţă cuminte") şi să-l pedepseşti atunci când greşeşte („Eşti un băiat/o fetiţă rea") nu este cea mai bună alegere.

Ceea ce se întâmplă, de fapt, este că îi transmiţi ideea că el sau ea trebuie să îţi „câştige" dragostea, că trebuie să muncească pentru asta. Asta înseamnă că el/ea va identifica iubirea pe care o primeşte nu cu ceea ce este, ci mai degrabă cu reuşitele avute.

Şi nu suntem noi toţi absolut încântaţi să ne dăm seama că suntem iubiţi pentru ceea ce suntem, independent de ceea ce facem??

EXISTĂ DRAGOSTE DUPĂ DIVORŢ

La început, nevoile mele nu aveau nici cea mai mică importanţă. Uitasem de ele complet.

Cuvântul întâlnire era departe de mine după divorţ. Nici nu voiam să am pe cineva în apropierea mea interesat de vreo relaţie serioasă, pentru că nu mă simţeam pregătită pentru aşa ceva.

Ştiam de atunci că atragi ceea ce eşti şi, din moment ce eu eram încă în suferinţă şi foarte vulnerabilă, nu voiam să atrag bărbaţi care erau în aceeaşi stare ca şi mine, pentru că nu era sănătos.

După un timp însă, după ce m-am mai acomodat cu noua viață și mi-am mai revenit, am început să iau în calcul din nou posibilitatea de a mă reîndrăgosti.

Se spune că dragostea nu are limite, bariere, reţineri. Nu ţine cont de timp, de spaţiu, de lume... de nimeni şi de nimic! Şi deci nici de faptul că ai trecut printr-un divorţ.

Mi-era dor de fluturaşii pe care îi aveam atunci când ne ţineam în brațe și îmi șoptea vorbe frumoase la ureche.

Mi-era dor de acel sentiment de nerăbdare şi de agitație înainte de fiecare întâlnire.

Mi-era dor să stau cu ochii pe telefon în așteptarea următorului mesaj de dragoste...

După o anumită vârstă, parcă toată această vrajă nu mai are acelaşi efect. Şi nu pentru că nu e dragostea „la fel de dragoste"... pentru că se zice că dragostea nu are vârstă şi nu ţine cont de vârstă, ci pentru că noi, protagoniștii ei, nu mai suntem la fel de deschişi şi la fel de sinceri şi încrezători ca la prima dragoste.

Sunt convinsă că îţi sunt foarte cunoscute replicile de genul: „nu îl sun eu pentru că apoi va spune că sunt topită după el şi nu e bine" sau „nu îi răspund imediat la telefon" (deși tu stăteai cu mâna pe telefon și abia așteptai să sune).

Mi s-a întâmplat să-mi placă de cineva și, în loc să mă concentrez pe acea persoană și să mă bucur de moment, am început să îmi pun tot felul de întrebări:

„Oare chiar este el persoana potrivită?"

„Oare este bine că am acceptat să ies cu el acum și aici?"

„Oare ce va zice lumea dacă ne va vedea împreună?"

„Oare își dorește ceva serios sau nu?"

„Oare mai pot avea încredere în bărbați?"

Şi multe astfel de întrebări, care nu duceau la nimic bun.

Răspunsurile acestor întrebări oricum nu le ai... așa că de ce să îți mai bați capul cu ele?

E bine să fii rațional, însă ce e prea mult strică. Şi raționalul cu dragostea nu prea fac casă bună împreună.

De multe ori, când simţeam că eram cuprinsă de emoție, făceam un pas înapoi și încercam din răsputeri să redevin cea rațională, cea cu capul pe umeri și care are controlul absolut.

Aveam încă foarte multe temeri, din ce în ce mai multe pretenții, din ce în ce mai multe rețineri care nu mă lăsau să mă deschid și să iau lucrurile ca atare și să mă bucur de fiecare moment ca la prima dragoste.

Eram conştientă cumva că iubirea ar trebui să fie altfel. Iubirea trebuie să fie spontană și deschisă.

Exprimarea liberă și spontană a sentimentelor presupune și să putem spune **„te iubesc"** sau **„mi-a fost dor de tine"** atunci când simțim asta, fără să ne fie teamă că, astfel, devenim vulnerabili.

Atunci când aceste emoții apar, observă-le, permite-ți să te lași copleșit de ele.

Dacă nu îi permiţi iubirii să pătrundă în sufletul tău, degeaba ai întâlnit sufletul pereche... e o relaţie eşuată din start!

Relaţiile amoroase profunde apar între oamenii care se dezvăluie complet unul faţă de celălalt, între care există un sentiment profund de încredere, respect şi ocrotire, între care nu mai există niciun fel de ziduri interioare create din cauza fricii.

Iar eu am eşuat de câteva ori pentru că nu am putut să mă deschid, pentru că mi-a fost frică să am o relaţie în adevăratul sens al cuvântului.

Totuşi, e mai bine să experimentezi decât să stai închisă în casă gândindu-te cum ar fi dacă...

Experimentează!

Nu ai ce pierde. Chiar dacă nu este persoana potrivită, măcar pleci cu o lecţie învăţată şi cu o experienţă în plus.

Din când în când, s-ar putea să ai nevoie de o perioadă de reflecţie care să dureze câteva zile. La începutul unei relaţii, ce înseamnă descoperire, risc, promisiune şi entuziasm, dragostea poate fi o experienţă copleşitoare, care te pune în contact cu emoţii şi cu stări noi, dar, cu cât te implici mai mult într-o relaţie, cu atât este mai probabil să devină relaţia la care ai visat.

Fiecare persoană visează şi îşi doreşte, cu o intensitate mai mică sau mai mare, să îşi găsească sufletul pereche în această viaţă.

Fiecare căutare de acest fel începe cu norocul începătorului şi se termină cu proba învingătorului. Ce îşi poate dori mai mult o fiinţă decât împlinirea prin iubirea care să o desăvârşească?

Fiecare zi petrecută în compania persoanei iubite ne aduce bucurie, ne conectează la viaţă şi, cum spunea Richard Bach: „Eu sunt! Tu eşti! Şi dragostea este tot ce contează."

EŞTI ÎN CĂUTAREA UNEI RELAŢII CARE SĂ TE ÎNTREGEASCĂ?

Pentru a spune „Eu te iubesc", trebuie să înţelegi mai întâi cine este Eu.

Ayn Rand

Nu ai atâta nevoie să fii iubit, încât să fii gata să te sacrifici pe tine însuţi. Singura relaţie care este esenţială şi de importanţă majoră în viaţa cuiva este cea cu el însuşi.

Jo Courdert

Ştiu asta din experienţă, pentru că sunt singură şi am, de asemenea, o grămadă de prieteni singuri.

De-a lungul anilor, am auzit alţi oameni şi am fost şi eu în situaţia de a căuta pe cineva de care să mă ataşez, de a mă plânge de faptul că sunt singură şi că cei pe care îi întâlnesc nu sunt suficient de buni, m-am întrebat şi eu, ca şi voi, de ce nu întâlnesc acea persoană specială sau când o voi întâlni sau chiar m-am întrebat dacă acea persoană chiar există.

A fi singur = A fi incomplet?

Într-un fel sau altul, societatea pare să se învârtă în jurul convingerii că suntem întregiţi numai atunci când ne-am găsit un partener de viaţă – sufletul pereche.

Şi sunt foarte multe lucruri în jurul nostru care ne întăresc această credinţă, cum ar fi strălucirea extraordinară şi fericirea observate la cei care sunt deja într-o relaţie, romantizarea excesivă a faptului de a fi cu cineva, întâlnită în mass-media, presiunea din partea familiei şi a societăţii de a ne căsători şi tot aşa.

Personal, ca fată, sunt romantică până în măduva oaselor. Comediile romantice sunt preferatele mele şi mereu mă atinge partea romantică a show-urilor pe care le urmăresc.

Cred în conceptul de suflete pereche şi chiar consider că e cineva special undeva, acolo, pentru oricare dintre noi. Sunt foarte fericită atunci când văd oameni în jurul meu implicaţi în relaţii armonioase.

Dar se pare că, în ochii societăţii, singurătatea e un fel de boală, nu e pur şi simplu o stare ca oricare alta. Din cauza acestui lucru, singurătatea a început să fie asociată cu disperarea. Şi mulţi se consideră incompleţi înainte să-şi găsească sufletul pereche.

Disperarea şi singurătatea

Conexiunea dintre aceste două concepte îi face pe mulţi oameni să încerce din răsputeri să îşi găsească alesul/aleasa. Se gândesc la asta în fiecare zi, de fiecare dată când văd un cuplu sau când află că unul dintre prietenii lor a început o nouă relaţie, de fiecare dată când sunt invitaţi la o nuntă sau când vine Ziua Îndrăgostiţilor.

Problema este că, din cauza faptului că acţiunile acestor persoane sunt generate de cele mai multe ori de disperare, ideea de a avea o relaţie ajunge să îi acapareze şi capătă convingerea că numai aşa vor deveni compleţi şi îşi vor găsi fericirea.

Ei se implică în relaţii nu datorită iubirii reale, necondiţionate, ci mai mult din inerţie.

Iar, din disperare, nu pot ieşi decât două lucruri: primul constă în implicarea într-o relaţie mediocră – se întâlnesc cu oameni nepotriviţi, care nu îi motivează să fie mai buni sau care nu le oferă respectul meritat, iar apoi ajung să se cufunde într-o nefericire constantă şi în eventuale suferinţe sentimentale.

Cea de-a doua situaţie este aceea în care se lasă cuprinşi de depresie şi de dezamăgire, când nu reuşesc să-şi găsească bărbatul sau femeia visurilor sau când se despart de fostul/fosta.

Eu ca persoană singură

Acum, când scriu asta, sunt singură. După divorţ am încercat să găsesc pe cineva cu care să am o relaţie şi nu ştiu cum se făcea că în acel moment nimic nu se lega.

Căutându-l pe Făt-Frumos!

În orice caz, în ultimii ani, am început să mă deschid din ce în ce mai mult către ideea de a-l căuta pe Făt-Frumos. Mai mulţi factori din jurul meu au contribuit la asta.

Familia mea mă tot întreba de ceva vreme când o să îmi găsesc şi eu pe cineva, că stau deja de trei ani singură. Prietenii mei au început să aibă relaţii serioase, rând pe rând. Iar de fiecare dată când mă întâlneam cu vechi cunoscuţi, mă întrebau dacă sunt cu cineva.

Cele mai dezbătute subiecte în grupurile de prieteni erau singurătatea, întâlnirile şi relaţiile şi puteam simţi o tensiune planând în jurul celor singuri, care începeau să se îngrijoreze de cât de repede trece timpul.

Şi, pe măsură ce m-am deschis ideii de a-mi găsi pe cineva, am început să cunosc mai mulţi tipi. De-a lungul anilor, diferite tipuri de bărbaţi şi-au exprimat interesul faţă de mine. În orice caz, cel potrivit nu a fost printre ei.

Frustrarea cauzată de singurătate

Din când în când, situaţia devenea deprimantă. Începusem să dezvolt diferite ipoteze, printre care că e ceva în neregulă cu cei pe care îi întâlnesc, că nu caut suficient sau nu fac asta în locurile potrivite, că am prea mult succes și bărbații cu care mă întâlnesc sunt intimidați de asta.

Mă întrebam dacă nu cumva la mine e problema. Începusem să mă îndoiesc că-l voi întâlni vreodată pe cel sortit mie și îmi închipuiam uneori că voi rămâne singură până la adânci bătrâneți.

Mă întrebam dacă nu cumva sufletul meu pereche o fi murit, din greșeală, și deci șansele mele de a-l găsi erau nule.

Nu mai știam nici dacă măcar aveam un suflet pereche. Și încet, încet începusem să arunc umbra disperării peste viitorul meu sentimental.

Era de-a dreptul frustrant.

Așa că m-am hotărât să mă gândesc serios la treaba asta. Nu-mi dădeam seama de ce căutarea unei relații putea să îi aducă pe oameni în halul ăsta de nefericire.

Nu ar trebui ca relațiile să fie un lucru care să genereze bucurie?

Nu era vorba că asta urma să-mi umple inima de fericire?

Realizarea faptului că sunt completă!

Prin introspecție și experimentare, mi-am dat seama cum stăteau lucrurile – nu priveam situația din unghiul potrivit.

Toată frustrarea, anticiparea și așteptările de a începe o relație veniseră ca o consecință a faptului că voiam să fiu cu cineva, ca să mă simt întreagă.

De exemplu, amânam multe lucruri pentru atunci când îmi voi găsi pe cineva.

Mă voi gândi cum ar fi să merg în cutare loc într-o escapadă romantică atunci când voi avea pe cineva alături.

Voi cumpăra cadouri drăguțe când voi avea cui să le ofer.

Voi vedea diferite lucruri și îmi voi imagina cât de bine va fi când i le voi dărui. Și așa, mi-am creat o anume tensiune și am devenit nerăbdătoare să îmi găsesc un partener.

Adevărul este că sunt întreagă, completă așa cum sunt. Nu am nevoie de un partener în viața mea pentru ca toate lucrurile astea să se întâmple.

Pot deja să îmi fac toate aceste mici plăceri când vreau, așa cum vreau.

Doar pentru că acum sunt singură nu înseamnă că ar trebui să îmi pun toată viața în așteptare.

Priveam relația ca fiind un întreg, format din două jumătăți, când adevărul este altul: doi întregi se unesc, devenind ceva mai bun și mai frumos.

Când mi-am anulat percepția limitată asupra acestui lucru, totul s-a schimbat. Am încetat să mă agăț de așteptări, nu mă mai gândeam tot timpul la când voi începe, oare, o relație și nici la cum va fi.

Deja nu mai vedeam relațiile prin ceața aceea de disperare. M-am centrat în mine. Și, pentru prima dată, am fost fericită cu adevărat, chiar dacă eram singură.

Să însemne asta că nu vreau să fiu într-o relație? Nu, pentru că îmi doresc una. Diferența este că acum dorința asta nu-și mai are rădăcinile în frică. Acum vine din faptul că sunt centrată în mine, mulțumită și mă iubesc.

Ești completă de una singură?

Te simți completă? Este o diferență enormă între percepțiile și atitudinea ta referitoare la relații atunci când te consideri incompletă sau atunci când te simți întreagă.

Diferenţa este subtilă. Când li se pune întrebarea aceasta, cei mai mulţi oameni vor deveni imediat defensivi şi vor răspunde: „Da, sunt complet(ă).”

Dar trebuie să înțelegem că a fi complet este o stare care cuprinde toate celelalte planuri. E mult mai mult decât a te gândi că eşti complet. Izvorăşte din gânduri, emoţii, acţiuni şi comportament, per ansamblu.

După cum am spus în povestea mea, să fii complet nu înseamnă că nu mai ai niciun motiv să fii cu cineva.

Diferenţa constă în felul în care priveşti relaţiile. Înseamnă că vei căuta o relaţie ca să devii mai bun, nu să te întregeşti, că vei începe să trăieşti viaţa din plin, cu adevărat și că nu vei mai fi influenţat de statutul de „singur” sau „într-o relaţie.”

În continuare, sunt 8 concepte care te pot ajuta să îţi dai seama cum te percepi: incomplet sau complet.

1. Jumătate *vs.* Întreg: în primul caz, eşti de părere că, într-o relaţie, două jumătăţi formează un întreg. În cel de-al doilea, consideri că relaţia este ceva format prin unirea a doi întregi, de sine stătători.

2. Disperare *vs.* Centrare: în primul caz, te simţi presat să începi o relaţie sau nu eşti dispus să renunţi la cea pe care o ai, chiar dacă îţi dai seama că nu mai merge. Atunci când eşti centrat în tine, vei intra într-o relaţie doar când ştii că ţi se potriveşte şi vei ieşi cu uşurinţă din cea care nu te mai mulţumeşte.

3. Miopie *vs.* Claritate: prima constă în lipsa unei conștiințe de sine, neputința de a-ți identifica punctele forte sau pur și simplu neluarea în seamă a acestora. Claritatea este dată de înțelegerea precisă a cine ești și de urmărirea scopurilor, toate în beneficiul tău.

4. Teama *vs.* Iubirea: în primul caz, eşti condus de emoţii ce au la bază frica: anxietatea, egoul, mândria, teama. În opoziţie, avem emoţiile pozitive: iubirea adevărată, autentică, necondiţionată, voinţa şi curajul.

5. Negativism *vs.* Pozitivism: în primul caz, sunt vizibile sentimente negative în ceea ce priveşte relaţiile sau acestea se manifestă atunci când suntem într-o relaţie: tristeţea, furia, duşmănia, supărarea, nefericirea.

De cealaltă parte, sunt sentimentele pozitive: abundenţa, extazul, bucuria, fericirea. Contrar convingerii multora, ura nu este rezultatul iubirii. Ura este rezultatul mândriei. Iubirea necondiţionată nu se sfârşeşte în niciun caz în duşmănie.

6. Subiectivism *vs.* Obiectivism: primul concept conduce întotdeauna la iraţionalitate şi la ceea ce oameni numesc „orbit de dragoste." În al doilea caz, lucrurile sunt privite mereu printr-un filtru obiectiv.

7. Relaţii mediocre *vs.* Relaţii armonioase: în primul caz, sunt atrase relaţiile negative. Când percepi o relaţie ca pe un lucru care te va completa, vei atrage oameni care au aceeaşi gândire şi, astfel, veţi începe o relaţie care-şi are rădăcinile în frică şi negativitate.

Pe de altă parte, când atragi relaţii armonioase, vei deveni un om mai bun, iar astfel vei primi adevărata bucurie.

8. Dependenţă *vs.* Independenţă: în primul caz, eşti dependent şi te bazezi în totalitate pe partener. Independenţa creează relaţii simbiotice, în acelaşi timp în care părţile îşi menţin individualitatea.

CUM SĂ DEVII COMPLETĂ, DEŞI EŞTI SINGURĂ

Sunt câteva convingeri pe care oamenii le au şi din acestea rezultă o percepţie greşită asupra propriei persoane. Ai în continuare trei sfaturi care te pot ajuta să devii o persoană completă, întreagă:

1. Iubeşte-te necondiţionat.

Te iubeşti pur şi simplu, cu totul?

Priveşte-te în oglindă, aşa cum eşti în momentul de faţă. Ia în calcul tot ce are legătură cu tine şi pune sub lupă fiecare aspect, cu multă atenţie. Sunt anumite lucruri la tine care nu îţi plac? Fizic? Mental? Emoţional? Spiritual? E ceva ce ai vrea să schimbi la tine? Dacă da, ce anume? Scrie pe o foaie tot ce îţi vine în minte.

Apoi fă acelaşi lucru, dar ia în calcul aspectele pozitive şi scrie ce îţi place la tine. Fizic? Mental? Emoţional? Spiritual? Competenţe? Abilităţi? Convingeri?

Ce complimente ai primit până acum?

Care sunt cele mai mari reuşite ale tale, care te fac mândră?

Când te-ai simţit cu adevărat împlinită de ceva ce ai realizat? Scrie şi asta.

Acum uită-te la ambele categorii. Dă-ţi seama că şi lucrurile care nu îţi plac au contribuit la formarea ta ca omul care eşti acum. Fără acestea, celelalte părţi de care eşti mulţumit nu ar exista. Iubeşte-te exact aşa cum eşti, fără nicio altă condiţie.

În timp ce lucrezi la oarecare schimbări ale lucrurilor care nu îţi plac şi încerci să devii mai bun, trebuie totuşi să începi de undeva şi să te iubeşti pur şi simplu pentru ceea ce eşti acum.

Să-ţi pui la punct defectele, să le controlezi te va face doar să te apreciezi şi mai mult.

2. Bucură-te de una singură.

Eşti fericită când eşti singură? Îţi place să petreci timp cu tine? Dacă ai afla că urmează să-ţi petreci tot restul vieţii singură, ai putea să crezi că o să fii pe deplin fericită?

Asta e deja un alt nivel. Dacă deja te iubeşti necondiţionat, o să fii fericită şi singură. Nu ai nevoie de altcineva care să te completeze şi să te facă fericită. Nu vezi relaţiile ca un punct final, de unde să îţi obţii fericirea veșnică.

Fericirea totală este deja posibilă, îţi e la îndemână acum, în momentul ăsta, de una singură. Nu e condiţionată de a fi într-o relaţie.

De fapt, mulţi oameni sunt implicaţi în relaţii şi totuși asta nu îi face fericiţi, pentru că rămân acolo unde nu sunt puşi cu adevărat în valoare, în relaţii mediocre, ale căror rădăcini sunt teama și alte emoții înrudite.

3. Trăieşte-ţi viaţa la maximum!

Îţi trăieşti din plin viaţa în momentul ăsta sau aştepţi până se va întâmpla ceva anume în viaţa ta, cum ar fi să intri într-o relaţie? Aştepţi să cunoşti un om special, alături de care să faci una şi alta?

Dacă ești în cea de-a doua categorie înseamnă că ai amânat să trăieşti până la un anumit punct, arbitrar, din viitor. Nu e nevoie să aştepţi să ai pe cineva alături pentru a fi fericit.

Gândeşte-te ce ai putea face astăzi, ca să te bucuri din tot sufletul. Ceva alături de prietenii tăi, de familie sau de ceilalţi oameni din jur. Vrei să mergi într-o altă ţară? Sau vrei să-ţi cumperi ceva? Du-te, fă toate lucrurile astea sau, cel puţin, apucă-te şi fă-ţi planuri. Nu amâna totul până când vei începe o relaţie.

A fi completă, a-ţi fi suficientă

Când începi să înţelegi că îţi eşti suficientă, începerea unei relaţii devine ceva suplimentar, care te va ajuta să te simţi şi mai bine, nicidecum nu va fi un ajutor ca să te simţi completă.

Din moment ce nu cauţi un partener dintr-un motiv greşit, atitudinea ta faţă de iubire şi relaţii va fi una relaxată, fără nicio legătură cu teama sau disperarea.

Încetezi să mai vezi singurătatea ca pe o etichetă urâtă sau ca pe o stare pe care nu o vrei.

Începi să ai centrul în tine. Să înţelegi cu adevărat cine eşti şi să cauţi numai ce ţi se potriveşte.

Te umpli de încredere în tine, de iubire şi de mulţumire.

Şi până când vei găsi relaţia potrivită – căci vrei asta, la un moment dat – te vei bucura la maximum de întregul tău potenţial!

CONCLUZII

✓ Scriind, am reuşit să mă vindec, am reuşit să accept situaţia, să o văd aşa cum era ea în realitate, nu aşa cum o vedeam eu, neagră şi fără de speranţă.

Scrisul poate fi o metodă terapeutică excelentă, care îţi poate vindeca rănile, elibera tensiunea și gândurile negre, îți poate deschide noi orizonturi. Încearcă și tu.

- ✓ Atunci când începi să dăruiești din inimă și altora, când ajuți necondiționat, vei debloca fluxul energiei pozitive și sufletul ți se va umple de iubire și de împlinire. Astfel, vei trece mult mai ușor peste orice necaz.
- ✓ Atunci când ai curajul să faci o schimbare în viața ta, viața te va răsplăti pentru efortul depus.
- ✓ Chiar dacă inițial nu știi cum te vei descurca, odată ce ai plecat pe un nou drum vor apărea noi oportunități, persoane care te vor ajuta, situații favorabile ție și, peste scurt timp, te vei regăsi într-o viață nouă și mult mai bună decât ai fi sperat înainte.
- ✓ Totul depinde de felul în care percepi lumea și evenimentele din viața ta. De exemplu, există foarte multe motive pentru care să te bucuri că ești o mamă singură și că ai o șansă la o nouă viață.
- ✓ Te vei descurca în orice situație, până la urmă. Nu primim mai mult decât putem duce. Toată forța de care ai nevoie, toată energia și răbdarea, inspirația și înțelepciunea de care ai nevoie sunt deja în tine și eu te voi ajuta să le scoți la suprafață!
- ✓ Nu fi disperată să îți găsești imediat după despărțire un partener. Din disperare, nu pot ieși decât două lucruri: primul constă în implicarea într-o relație mediocră – să întâlnești oameni nepotriviți, care nu te motivează să fii mai bună sau care nu-ți oferă respectul meritat, iar apoi să ajungi să te cufunzi într-o nefericire constantă și în eventuale suferințe sentimenta-

le. Cea de-a doua situaţie este aceea în care te laşi cuprinsă de depresie şi de dezamăgire când nu reuşeşti să-ţi găseşti bărbatul visurilor sau când te desparţi de fostul.

✓ Când începi să înţelegi că îţi eşti suficientă, începerea unei relaţii devine ceva suplimentar, care te va ajuta să te simţi şi mai bine, nicidecum nu va fi un ajutor ca să te simţi completă.

✓ Îndreaptă-ţi atenţia spre tine. Să înţelegi cu adevărat cine eşti şi să cauţi numai ce ţi se potriveşte. Te umpli de încredere în tine, de iubire şi de mulţumire. Şi, până când vei găsi relaţia potrivită – căci vrei asta, la un moment dat –, te vei bucura la maximum de întregul tău potenţial!

PAŞI DE ACŢIUNE

1. Numeşte cel puţin cinci activităţi pe care le poţi face acum, că eşti singură, şi pe care nu le puteai face înainte:

....

....

....

....

2. Dacă ai putea face trei schimbări care ţi-ar îmbunătăţi noua viaţă semnificativ şi imediat, care ar fi acestea?

....

....

....

....

3. Ce te împiedică să acţionezi acum?

....

....

....

....

4. Dacă ai pune în aplicare trei schimbări în relaţia cu copilul/copiii tăi, care sunt beneficiile specifice de care te-ai bucura ca rezultat al acestora?

....

....

....

....

5. Numeşte măcar trei lucruri pe care ai putea să le faci pentru a te bucura că eşti doar tu cu tine. Nu ai nevoie de cineva care să te întregească! Tu îţi eşti suficientă!

....

....

....

....

CAPITOLUL VIII

VOCAŢIA ŞI LIBERTATEA FINANCIARĂ

VIAŢA DUPĂ DIVORŢ ŞI FINANŢELE

Viaţa după divorţ poate fi foarte ironică. Trebuie să iei câteva dintre cele mai importante decizii din viaţa ta – la nivel legal, financiar, personal şi de carieră –, este perioada când, din punct de vedere emoţional, eşti varză.

Acceptasem să mă mut din Bucureşti în Bârlad, la părinţii mei, doar pentru o perioadă scurtă, cât trecea divorţul.

Apoi, după două luni de zăcut în casă, am decis că nu pot sta aşa, fără bani, la nesfârşit şi că în viitorul apropiat nici nu mă pot întoarce în Bucureşti.

Cum mă descurcam singură cu un copil de un anişor într-un oraş atât de mare?

Cum îmi plăteam chirie, bonă, benzină etc.?

Norocul meu a fost că am fost chemată la interviu la câteva zile după ce am depus CV-ul. Nu aveam starea necesară să merg la interviu, dar a trebuit să îmi adun toate forţele şi să mă pun în valoare, să am încredere în mine şi să fac tot posibilul să obţin acel job. **Şi l-am obţinut!**

Chiar era exact ce îmi trebuia la momentul respectiv. O companie canadiană de telefonie, care are unul dintre sedii în Bârlad.

Marele dezavantaj era programul. Lucram după fusul orar canadian, adică de la 16 la 24, ora noastră. Am început să lucrez imediat, am învăţat telefonie, am depus eforturi ca să nu mă limitez doar la salariul de bază.

Ştiam că nu îmi permiteam să mă irosesc şi, dacă tot pierdeam atâtea ore, măcar să se cunoască financiar.

Am primit şi proiecte extra şi, pe lângă cele 8 ore de la birou, mai lucram încă 2 ore de acasă.

GREŞELILE FINANCIARE PE CARE LE-AM FĂCUT EU ŞI PE CARE TU TREBUIE SĂ LE EVIŢI

Pentru că a venit vorba despre finanţe, am un mesaj important: nu cheltui mai mult decât e cazul.

Nu este vremea terapiei prin cumpărături (nici măcar la nivel minim).

M-am surprins folosind cărţi de credit ca şi cum ziua de mâine nu ar mai fi existat. Mereu găseam motive pentru care voiam să mă recompensez sau să mă motivez. Depindea de la caz la caz.

La cel mai mic „succes", mă recompensam cumpărându-mi o pereche de pantofi sau altceva.

Înainte de a realiza ceva sau când aveam un termen-limită, un proiect, mă motivam, bineînţeles, cumpărându-mi ceva drăguţ.

Motivaţia mea era că în momentul mutării nu îmi luasem lucrurile şi aveam destul de puţine.

Îţi spun din toată inima, ia-le. Modifică-le, decorează-le, vinde-le, nu contează. Orice ban economisit este binevenit.

Am cheltuit foarte mult şi pentru David. Cred că dintr-un sentiment de vină şi din dorinţa de a compensa faptul că suntem doar noi doi. Cele mai frumoase şi mai noi jucării, iar la haine tot ce apărea în noul sezon.

Şi îi cumpăram numai de la Bucureşti sau când plecam din ţară.

Am făcut multe greșeli, dar, într-un final, m-am trezit, pentru că motivația de a-mi redobândi independența financiară și libertatea și de a-mi urma vocația a fost mai mare.

Iată ce am făcut eu pentru a putea să îmi dau demisia, pentru ca apoi să îmi pot urma visul:

- ✓ Am lucrat zi de zi cel puțin 2-3 ore la pasiunea mea.
- ✓ Am mers la workshopuri și la cursuri pentru a mă dezvolta, a mă educa și a mă perfecționa în domeniile care știam că mă vor ajuta.
- ✓ Am rărit ieșirile și distracțiile și orice alt fel de activități care ar fi putut să mă distragă de la drumul meu.
- ✓ Am ignorat toate mesajele negative și toate sfaturile pe care oricum nu le-am cerut, de la toate persoanele binevoitoare care încercau să mă convingă de faptul că nu voi reuși singură, că nu trebuie să renunț la serviciu, că sunt inconștientă etc.
- ✓ Am citit, am scris, m-am perfecționat în fiecare zi pentru visul meu.
- ✓ Am făcut sport de 2-3 ori pe săptămână, pentru că sportul te ajută să te disciplinezi, să îți depășești limitele. În timp ce eram la sală, mi-au venit cele mai bune idei pentru că, în timpul efortului, emisfera stângă îți este amorțită și îi dă voie subconștientului să scoată la suprafață răspunsuri la întrebările tale.
- ✓ Am redus cheltuielile inutile și am pus deoparte bani lunar.
- ✓ Am reușit să strâng o sumă de bani care îmi va acoperi cheltuielile pentru următoarele șase luni. Am zis șase luni în cel mai rău caz.

Este important să nu fii stresat de partea financiară pentru că, altfel, nu poţi da acelaşi randament.

Grijile şi stresul blochează creativitatea şi energia care te ajută să fii productiv. Doar atunci când te simţi relaxat şi liber din toate punctele de vedere poţi să evoluezi şi să faci lucruri extraordinare.

- ✓ Mi-am făcut un plan detaliat pentru următorul an. Şi o schiţă pentru următorii cinci ani.
- ✓ M-am apucat deja de lucru la materialele pe care le voi scoate. Nu pot să spun mai mult pentru că vreau să fie o surpriză. O să îţi placă pentru că e special concepută pentru tine, draga mea zeiţă.
- ✓ Am un mentor care îmi este model, mă inspiră, mă ajută, mă ghidează, mă ajută să lupt cu obstacolele.

Ce a urmat după demisie?

În niciun caz nu mi-am dat demisia ca să pierd vremea şi să stau toată ziua la cafele şi terase.

În niciun caz! Am muncit chiar şi mai mult. La început, mi-a fost greu să mă acomodez, dar, în cele din urmă, am reuşit să îmi stabilesc un program în care am scris mai mult decât până acum, am învăţat, am citit, am studiat.

Şi asta măcar 8-10 ore pe zi.

Partea bună este că acum lucrez din plăcere, lucrez pentru VISUL MEU şi pentru mine. Şi nici măcar nu simt că lucrez. Este ca o joacă, o plăcere şi o bucurie imensă când ştiu că nu o fac doar pentru mine, ci pentru atâtea femei din comunitate.

Adevăratul succes este atins atunci când îţi place ce faci. Nimeni nu poate reuşi, în niciun domeniu, dacă nu îi e pe plac.

Dacă nu îţi place ce faci, atunci mai bine încetează. Şansele tale de succes sunt direct proporţionale cu gradul de plăcere de care ai parte ca urmare a ceea ce faci.

Fă ceva pentru care ai un profund interes personal.

Fă ceva pentru care ai petrece cu plăcere 12-15 ore muncind şi, în restul timpului, gândindu-te la acel ceva. Nu stabili ca obiectiv compensaţia. Găseşte o muncă pe care o îndrăgeşti şi beneficiile vor urma.

Munca nu este pedeapsa ta. Este recompensă, este puterea şi plăcerea ta.

Atunci când vocaţia ta devine vacanţa ta, nu vei mai lucra nicio altă zi în viaţa ta.

Mă bucur că am făcut acest pas, mă bucur că am luat această decizie şi îmi pare bine că pe acest nou drum nu păşesc singură, ci vă am alături şi pe tine, scumpa mea femeie minunată, şi pe toate femeile din comunitatea femeiadesucces.ro.

Lecţia pe care trebuie să o înveţi?

Faptul că succesul tău nu este o chestiune legată de noroc. E doar o chestiune legată de alegerile pe care le faci. Succesul nu e ceva ce aştepţi, e ceva ce vei obţine cu efort de-a lungul timpului.

Lucrurile nu vor apărea în lumea asta până nu le faci tu să apară.

Poţi alege să fii leneş sau ambiţios. Opreşte-te şi gândeşte-te din nou la alegerile tale. Întotdeauna fă-ţi propriile alegeri. Cea mai mare oportunitate în viaţă este chiar acum, în locul în care te afli.

Fiecare situaţie, percepută cum trebuie, este o oportunitate pentru tine. În primul rând, spune-ţi ceea ce vei deveni, apoi fă tot ce ai de făcut, pentru ca lucrurile să se întâmple.

Succesul este chiar în faţa ta, dar depinde numai de tine dacă îl faci să se întâmple sau nu.

ATENŢIE LA HOŢII DE VISURI!

Am avut şi eu suficiente obstacole. La un moment dat, eram pe punctul de a închide blogul şi de a renunţa la tot. Cred că ar fi fost cea mai mare greşeală din viaţa mea şi mă bucur că am rezistat şi că acum sunt aici.

Eram încă la birou, cu un copil mic, cu un job de 8 ore şi un proiect part-time de 2 ore, plus toate celelalte responsabilităţi de părinte. A fost destul de greu să îmi menţin concentrarea pe blog şi pe scris.

Am avut o perioadă destul de grea, în care nu neapărat **TIMPUL era marele meu duşman** (că, până la urmă, timp îţi găseşti dacă vrei), dar îmi era foarte greu să intru în starea necesară pentru scris. Mereu intervenea câte ceva, mereu apăreau factori care îmi distrăgeau atenţia.

Eu sunt o fire foarte extrovertită şi dornică de socializare. Iubesc oamenii şi **îmi place să fiu înconjurată de cât mai multe persoane**, îmi place să îmi fac relaţii noi mereu. Dar, din această cauză, am avut iarăşi de pierdut.

Când îmi suna telefonul, îmi era greu să refuz invitaţiile la terasă, la piscină, la petreceri. Şi îmi sunau destul de des.

Timp liber am oricum puţin şi, dacă nu îl organizez cum trebuie, dacă nu îmi ştiu foarte bine priorităţile, foarte uşor îmi pierd concentrarea.

În afară de asta, eu fiind o persoană extrovertă şi dispusă mereu să-mi fac noi relaţii, mă lăsam de multe ori dusă de val atunci când primeam o invitaţie în oraş, pe care îmi era greu să o refuz.

Mare grijă cu anturajul! Poate fi cel mai mare inamic în calea descoperirii vocaţiei.

Ştii de ce oamenii îi judecă atât de mult pe ceilalţi din jurul lor?

Pentru că în felul ăsta se simt ei mai buni. Scoțând în evidență lucrurile „rele" sau „greșelile" pe care cei din jurul tău le fac ai senzația că tu ești mai bun și, astfel, EGO-ul tău se simte bine!

Unora poate că nu le place ce faci. De ce?

Pentru că tu progresezi şi, prin comparaţie, defectele lor ies mai mult în evidenţă. Alţii se vor manifesta chiar cu agresivitate.

De aceea, persoanele care se dezvoltă, care ies în evidență cu anumite calități sunt cele mai vânate. Sunt luate în vizor de către cei din jur şi, atunci când fac o greşeală, sunt judecaţi!

Sau, mai rău, sunt împinşi de către cei din jur într-o situaţie neplăcută, care să îi abată din drum.

Ştiai că există vagabonzi pe care „colegii" lor i-au înlăturat din cauză că nu erau sau nu ţineau să devină, ca şi ei, alcoolici sau, şi mai grav, pentru că doreau să-şi recâştige respectul de sine şi să se reintegreze în societate? INTERESANT, NU?

Alege-ţi bine oamenii în preajma cărora îţi petreci ziua. Evită-i pe morocănoşii care mereu se plâng de câte ceva, precum şi pe bârfitori.

Când m-am lăsat distrasă de cei din jur, întreaga mea viață s-a reorganizat, adică a devenit un haos, într-un mod care nu îmi plăcea și nu mă mulțumea deloc.

Când m-am trezit, mi-am dat seama că nu trăiesc viața pe care mi-o doresc, că nu sunt pe drumul care trebuie și că trebuie să fac ceva să mă întorc la MISIUNEA mea.

După o perioadă de pauză, am revenit la **pasiunea mea**, pentru că numai aşa mă simt împlinită.

Atunci când lupți pentru un vis nu uita să apreciezi și drumul până la împlinirea acelui vis. Și toate lecțiile pe care le înveți pe acest drum.

Ai venit pe această lume cu un MOTIV ANUME! Tot ce există are un scop. Laptopul meu are un scop, mașina mea are un scop, pantofii mei au un scop, totul are un scop. Şi mai important decât toate este că TU AI UN SCOP!!!

Ai venit pe planeta Pământ pentru a împlini o MISIUNE. Ştiai asta?

Poate că ai venit aici pentru a-i învăța pe copii sau pentru a-i inspira pe cei din jur sau pentru a fi un părinte extraordinar.

Ori poate că scopul tău este de a găti, de a picta sau de a conduce o țară sau orice alt lucru, dar ai venit aici pentru un motiv anume. Ar fi o insultă la adresa Creatorului ca tu să părăsești această planetă fără îndeplinirea acestei misiuni.

Nu te mulțumi cu o viață plictisitoare și mediocră când tu te-ai născut pentru MĂREȚIE. Nu trăi printre pui dacă tu te-ai născut cu toate capacitățile și înzestrările unui VULTUR!

Una dintre capcanele în care mulți oameni sunt prinși este aceea că se concentrează prea mult asupra scopului final şi li se pare atât de departe împlinirea acelui scop şi atât de complicat drumul până acolo, încât renunță.

Într-adevăr, ceea ce contează cu adevărat nu se obţine uşor. Şi, într-adevăr, ia timp să ai ceva valoros.

Iar totul este accentuat atunci când oamenii vin la tine cu replici de genul:

„Unde sunt rezultatele?"

„Arată-mi dovada ca să te cred."

„Ce ai obţinut până acum?"

Vei observa că pe cei din jurul tău îi interesează numai rezultatele finale. Adică numai **Destinația,** nu şi **Drumul** până la obţinerea acelui vis.

Aşa că încearcă să îi laşi să te distragă sau să te demotiveze.

Eu ştiu ce înseamnă, pentru că am simţit asta pe propria piele.

Ştiu cum e când nimeni nu îţi înţelege munca şi te întreabă doar de rezultate.

Şi, de obicei, sunt interesaţi de rezultatele financiare. Adică, „îţi iese ceva din toată treaba asta?"

Dacă spui că nu, pentru cei mai mulţi este egal cu zero. Și încearcă să te facă să renunţi, ba chiar îți fac ei propuneri de lucruri care merită realizate.

Deci, pe lângă faptul că în timp îți pierzi și tu motivaţia, mai vin și alţii și te presează și încearcă să te convingă să renunţi. Ştiu că e multă presiune asupra ta și aici deja cei mai mulţi renunţă.

Vreau să te fac să înţelegi că drumul poate fi anevoios în obţinerea unui vis.

Dar nu uita că trebuie plătit un preţ pentru orice.

Şi, cu cât visul este mai mare, cu atât preţul este mai mare.

Cu cât este mai valoros ceea ce vrei să obţii, cu atât plăteşti mai mult.

Ce să faci ca să îți fie mai ușor și să nu mai renunţi?

De acum înainte ia câte o pauză în drumul tău spre împlinirea visului. Ia o pauză și observă ce ai făcut până acum. Ce ai realizat de la început până în momentul de faţă? Vei fi surprins să vezi cât de multe ai făcut până în această clipă.

Şi, în afară de rezultatele care se văd efectiv, trece pe hârtie cât de mult ai evoluat psihic, fizic, mental, câte relaţii ţi-ai făcut, câte abilităţi ai dobândit, câte obstacole ai trecut etc.

Să știi că, până la urmă, astea sunt câștigurile tale cele mai mari. Cu astea rămâi.

Şi în următoarea călătorie deja nu mai porneşti de la zero.

Greşelile vor face şi ele parte, să ştii, din călătoria ta. Nu te descuraja şi nu te învinovăţi prea tare. Greşelile sunt nişte lecţii pe care le primim.

Nimeni nu se naşte învăţat. Şi este normal să faci multe greşeli atunci când încerci multe lucruri noi și atunci când te aventurezi în viață.

Poate că vei ajunge să ai datorii foarte mari încercând o nouă afacere, poate chiar vei da faliment şi vei fi respins de 100 de ori, oamenii vor râde şi te vor descuraja, vei rămâne singur.

TOTUL face parte din proces.

Dar să ştii că şi această etapă se întâmplă cu două scopuri:

1. Să îi separe pe cei care îşi doresc ceva cu adevărat de cei care şi-ar dori aşa, un pic, dacă ar fi totul mai uşor.

2. Să înveţi din fiecare lecţie care e ascunsă în spatele fiecărei greşeli.

Fiecare experienţă în drumul tău este pentru a învăța ceva din ea și a o folosi mai departe. Este normal ca, după ce treci peste aceste experienţe, să fii cu o treaptă mai sus, să fi învăţat şi să fi evoluat.

De fiecare dată când te simţi deprimat este un semn prin care ţi se arată de ce faci ceea ce faci și care îţi dă putere să mergi mai departe.

De fiecare dată când înțâlnești un obstacol este un TEST pentru tine, să vezi cât de mult îți dorești acel lucru.

De fiecare dată când ești ridiculizat de familie și de prieteni este un TEST să se vadă cât de solidă e fundația visului tău. Cât de fermă și de hotărâtă ești să mergi până la capăt.

Şi, cu fiecare test trecut, totul devine mai puternic şi mai închegat.

Dacă te concentrezi prea mult pe scopul final, vei interpreta greşit toate lucrurile şi testele care apar pe parcursul drumului tău către acel vis. Şi vei deveni frustrată, pentru că scopul final pe care tu îl vrei cu atâta disperare nu vine atât de repede şi de uşor cum te aşteptai.

Fă un pas înapoi.

Respiră...

Încă o dată.

Acum realizează că totul face parte din această călătorie.

Ai jucat vreodată un joc pe calculator?

De exemplu, când eram mică, jucam Mario. Ştii că acolo trebuie să treci foarte multe obstacole, trebuie să te lupţi cu dragoni şi cu alte creaturi, să treci prin foc, prin săbii, prin apă etc. până să ajungi la împărăţie şi la prinţesă.

Acolo mi se părea normal să fac toate astea şi am jucat luni întregi până să ajung la prinţesă.

Aşa e şi în viaţa reală. Totul face parte din călătoria ta.

Fii recunoscător pentru toate lucrurile care îţi apar în drum:

Obstacole, mici victorii, greşeli, lecţii învăţate, oamenii noi pe care îi întâlneşti, cunoştinţele noi pe care le dobândeşti, dar cel mai mult apreciază faptul că ai avut CURAJUL şi PUTEREA să începi şi să avansezi în direcţia VISULUI tău.

Ai ales calea pe care foarte puţini o aleg: calea „TRĂIEŞTE-ŢI VISUL."

Totul are un început, un mijloc şi un sfârşit. Dacă ai început deja înseamnă că eşti la mijloc, iar sfârşitul va veni cu siguranţă. Dacă vei privi din această perspectivă, îţi va fi foarte uşor, vei fi mult mai entuziasmat şi vei lua totul ca pe un joc.

Vei ajunge să spui: „Uite o problemă! O nouă provocare pentru mine să găsesc soluţii pentru ea şi o nouă oportunitate de a învăţa ceva din ea."

Cu cât parcurgi un drum mai lung, cu atât mai înţeleaptă, mai puternică, mai perseverentă şi mai hotărâtă vei deveni.

Iar în momentul în care vei ajunge, în sfârşit, la destinaţia acelui drum şi visul tău va deveni realitate, vei constata cât de mult a contat drumul parcurs şi cât de multe ai învăţat.

Ceea ce obţii atunci când ajungi la destinaţie nu e nici pe departe la fel de valoros precum faptul că ai parcurs acel drum până la destinaţie.

DIFERENŢA DINTRE VOCAŢIA ADEVĂRATĂ ŞI O CARIERĂ PROFITABILĂ

Aşa cum îţi spuneam mai devreme, cred că am fost cu toţii trimişi pe pământ cu un scop şi toţi avem un rost. Sunt sigură că toţi suntem înzestraţi cu daruri unice. Iar ceea ce alegem să facem cu ele contribuie la o cauză mai importantă decât noi înşine.

Hai să îţi spun o poveste: acum câţiva ani alergam cu toată viteza spre visul meu: succes şi bani. Însă uitasem de ce alergam.

Din fericire, l-am întâlnit pe Andrei (acesta nu e numele său real). Andrei îşi realizase toate ţelurile pe plan financiar, avea independenţă financiară şi tot luxul pe care şi-l putea dori.

Prin muncă asiduă şi perseverenţă reuşise! Dar Andrei nu era fericit. Nu avea suficient timp liber să se bucure de aceste lucruri. Voia o familie, voia liniște, voia să-și trăiască viața... dar nu putea face asta. Avea prea multe responsabilități, prea multe de pierdut și prea multe lucruri de care trebuia să aibă grijă.

Pierduse ani întregi construindu-și castelul, iar acum, că era terminat, își petrecea tot timpul asigurându-se că acesta nu se va prăbuși.

Faptul că l-am cunoscut pe Andrei mi-a deschis ochii spre o altă perspectivă. Cuvintele lui m-au scos instantaneu dintr-o stare de „inconștiență."

Mi-am dat seama că nu vreau să îmi petrec următorii 10 ani alergând după bani, doar pentru ca, în final, să mă trezesc în același loc unde sunt și acum, din punct de vedere emoțional, spiritual, mental.

„Goana" mea s-a oprit brusc și am petrecut următoarele două luni **reevaluându-mi viața** și **scopul pe acest pământ.**

Aceste întrebări îmi treceau mereu prin minte:

După ce alerg?

De ce fac asta? Care este scopul meu?

De ce sunt aici?

Când citeam *De ce majoritatea afacerilor mici nu reușesc*, mi-au dat lacrimile la partea despre găsirea vocației. În acel capitol, Michael Gerber le cere cititorilor să facă un exercițiu de vizualizare, îndemnându-i să-și închipuie cât mai exact cu putință ziua înmormântării lor.

Despre ce vrei să vorbească cei prezenți acolo?

Care vrei să fie realizările vieții tale? Ce ar conta cel mai mult la sfârșitul vieții tale?

Faci acel lucru ACUM?

Am început să scriu. Am început cu lucrurile care sunt cele mai importante pentru mine. Am notat toate lucrurile pe care voiam să le fac.

Mi-am regândit **misiunea în viață**. Am decis că, indiferent de ce mă voi apuca, trebuie să fie în concordanță cu **misiunea mea personală**, **cu valorile și țelurile mele.**

Înainte să accept o nouă oportunitate care va apărea, mă voi întreba dacă mă va ajuta în realizarea ţelurilor mele. Indiferent câţi bani aş obţine, dacă nu mă duce acolo unde vreau să ajung, atunci nu o voi accepta.

Iată misiunea mea:

Să-i motivez și să-i inspir pe oameni și, în special, pe femei, să le dau puterea de a trăi mai fericite și mai împlinite.

Iată câteva dintre țelurile și valorile mele:

- ✓ Ceea ce contează cel mai mult este legătura cu mine însămi, să mă simt binecuvântată.
- ✓ Cele mai importante sunt relațiile cu oamenii, să poți să comunici cu ei și să stabilești legături profunde.
- ✓ Plănuiesc să devin independentă financiar și să am control asupra timpului meu. Vreau să lucrez doar la proiecte care înseamnă ceva pentru mine. Am de gând să obțin venituri în moduri care nu îmi contrazic sistemul de valori.
- ✓ Vreau să fac din acest blog un loc unde femeile să găsească răspunsuri la probleme, un loc unde să găsească motivația și impulsul de a deveni din ce în ce mai bune.
- ✓ Vreau să devin coach și trainer, să ajut cât mai multe femei să se descopere, să devină cea mai bună variantă a lor și să aibă curajul să înfrunte obstacolele, pentru că oricine poate să aibă TOTUL.
- ✓ Îmi doresc să ţin cursuri şi workshopuri pentru femei.
- ✓ Vreau să scriu măcar o carte în care să împărtășesc experienţele mele, care să le ajute pe femei.

- ✓ Vreau să călătoresc și să cunosc cât mai mulți oameni frumoși.
- ✓ Îmi doresc să am mai multă grijă de mine: corp, minte, suflet.
- ✓ Visez să am o căsuță cu o curte mare și cu multă verdeață.
- ✓ Vreau să trăiesc fiecare zi ca și cum ar fi ultima.
- ✓ Din toată inima îmi doresc să îmi cresc copilul frumos, să îl învăț să trăiască liber și să se bucure de fiecare zi. Să îl învăț să își asculte inima și să și-o urmeze în tot ceea ce face.

CUM MI-AM DESCOPERIT VOCAȚIA

Voi începe cu începutul. Am început să scriu acum 2-3 ani, când eram pe **marginea prăpastiei.**

Eram căsătorită, aveam un bebeluș de câteva luni. Locuiam într-o casă nou construită în mijlocul câmpului (cartier nou de vile... dar tot CÂMP se chema).

Eram legată de mâini și de picioare. Nu mai aveam timp de viață socială, eram în concediu de maternitate, soțul meu pleca dimineața și ajungea seara târziu.

Nu aveam niciun ajutor, nu aveam cu cine să vorbesc, nu mai aveam timp de mine.

Eram tristă și deprimată și **simțeam că viața s-a terminat pentru mine.**

Nu mă mai iubeam, nu mai aveam încredere în mine, nu mai aveam starea necesară să mă aranjez.

Avusesem câteva încercări să mă întorc la serviciu, ba chiar am fost la interviuri pentru un nou job, dar soțul meu gelos și posesiv mă voia închisă între patru pereți, gospodină, departe de orice influență care mi-ar fi putut deschide ochii.

Scrisul a fost ca o terapie pentru mine. Scrisul şi cărţile.

Când dormea David, începeam să scriu tot ce aveam pe suflet, ca şi când aş fi spus celei mai bune prietene sau celui mai bun terapeut. Și, când scriam, nu simțeam cum trecea timpul. **Intram într-un fel de transă**. Așa cum mi se întâmplă şi acum, când scriu.

Uit de tot, uit de mine, uit de ceea ce e în jur. Degetele mele o iau la vale pe tastatură şi sunt dornice să tasteze mai repede, să ţină pasul cu ideile care îmi curg din minte...

Îmi era frică să iau taurul de coarne, îmi era frică de **gura lumii**, îmi era frică să renunţ la tot şi să o iau de la capăt, însă pentru mine era atât de dureros faptul că nu mă puteam dezvolta, că nu puteam evolua, încât chiar **nu conta cât de sclipitoare era colivia în care stăteam**.

Apoi am început să scriu răspunsuri la problemele mele. Ca și când cel mai bun terapeut mi le-ar fi oferit. Răspunsuri și soluții care veneau tot din adâncul meu.

Pentru că, până la urmă, tot tu eşti singura care știe cel mai bine ce e mai bine pentru tine...

Am găsit forța și curajul să renunţ la tot și să o iau de la capăt.

Şi când spun să renunţ la tot, chiar înseamnă TOT.

De ce?

- ✓ Pentru că ştiu că **vocația mea** este să scriu pentru femeile care sunt în aceeaşi situaţie ca mine, care au nevoie de mine.
- ✓ Pentru că nu mai vreau să văd femei care se **complac** cu viaţa pe care o au, deşi sunt **nefericite și neîmplinite**.
- ✓ Pentru că vreau să îţi spun că **eşti minunată** şi că meriţi tot ce este mai bun.
- ✓ Pentru a-ți reda zâmbetul când eşti **tristă**.

- ✓ Pentru că știu că aceasta este **misiunea mea** și pentru că, din momentul în care mi-am dat seama de acest lucru, nu îmi doresc nimic mai mult decât să îmi urmez **DRUMUL**.
- ✓ Pentru a-ți reaminti că viața poate fi foarte frumoasă și merită trăită, chiar dacă problemele și grijile te-au făcut să uiți asta.

Am depus actele de divorț, mi-am depus demisia, m-am mutat din București înapoi în orașul natal, Bârlad.

Ce a urmat au fost câteva **luni de coșmar**... prieteni care mă acuzau pentru ce am făcut, vecini care mă compătimeau, părinții erau supărați tare și sufereau mai mult decât mine.

Țin minte că **mama era mereu cu ochii în lacrimi**. Nu voia să o văd că plângea, însă eu îmi dădeam seama de asta.

Visul meu de atunci era doar în imaginația mea, dincolo de puterea de înțelegere a oricui încercam să-i explic.

Vocația poate fi și o binecuvântare sau un blestem, pentru că prima urmare a ei este **SINGURĂTATEA**.

Primul lucru care se întâmplă atunci când o persoană își ascultă vocea interioară și se hotărăște să își urmeze vocația este că va fi singură.

Rămâi fără prieteni, fără familie, fără viață socială...

Vocația nu se poate dezvolta fără a alege în mod conștient PROPRIA CALE C. G. Jung.

Învață să percepi obstacolele ca fiind o parte necesară în **evoluția ta.**

E cert că vei întâmpina multe provocări în drumul tău, dar felul în care le privești va determina dacă vei merge mai departe sau vei renunța la a ajunge acolo unde îți dorești.

Așadar, consideră că din fiecare obstacol poți învăța ceva benefic.

15 ÎNTREBĂRI CA SĂ-ȚI DESCOPERI MISIUNEA PE ACEST PĂMÂNT

În continuare, ai o listă de întrebări care te vor ajuta să-ţi descoperi scopul în viaţă. Acestea reprezintă un ghid ce te va aduce în starea mentală propice pentru aflarea misiunii tale pe pământ.

Câteva instrucţiuni simple:

* Ține la îndemână un pix şi o hârtie.

* Găseşte un loc unde nu vei fi deranjat, închide-ţi telefonul.

* Notează răspunsurile la fiecare întrebare.

* Scrie primul lucru care îţi vine în minte, fără să-l editezi în vreun fel. Este important să-ţi scrii răspunsurile, în loc doar să te gândeşti la ele.

* Scrie repede. Alocă cel mult 60 de secunde pentru fiecare întrebare. De preferat, mai puţin de 30 de secunde.

* Fii sincer. Nimeni nu va citi. Este important să scrii fără să modifici ceva.

* Bucură-te de moment şi zâmbeşte în timp ce scrii.

Cele 15 întrebări:

1. Ce te face să zâmbeşti? (Activităţi, persoane, evenimente, hobby-uri, proiecte etc.)
2. Ce îţi plăcea cel mai mult să faci în trecut? Dar acum?
3. Ce activităţi te fac să uiţi cum trece timpul?
4. Ce te face să te simţi bine?
5. Cine te inspiră cel mai mult? (Cunoscut sau necunoscut, din familie, prieteni, autori, artişti

etc.) Ce calităţi ale acestei/acestor persoane te inspiră?

6. Ce talent nativ ai? (abilitate, dar etc.)
7. În ce domenii ţi se cere ajutorul, de obicei?
8. Dacă ar fi să înveţi pe cineva ceva, ce l-ai învăţa?
9. Ce ţi-ar părea rău să NU ai/fii/faci în viaţă?
10. Ai 90 de ani, stai într-un balansoar pe verandă, simţi mângâierea uşoară a vântului. Eşti liniştită şi fericită, eşti mulţumită de viaţa minunată cu care ai fost binecuvântată. Te gândeşti la tot ce ai obţinut şi realizat, la relaţiile pe care le-ai construit. Ce contează cel mai mult pentru tine? Fă o listă.
11. Care sunt valorile tale? Selectează 3-6 cuvinte şi ordonează-le în funcţie de importanţa pe care o au pentru tine.
12. Ce obstacole, provocări, dificultăţi ai depăşit sau eşti pe cale să depăşeşti? Cum ai reuşit?
13. În ce crezi cu toată fiinţa ta? Care sunt cauzele care înseamnă ceva pentru tine?
14. Dacă ai putea transmite un mesaj unui grup mare de oameni, cine ar fi aceşti oameni? Care ar fi mesajul tău pentru ei?
15. Gândindu-te la talentele, pasiunile şi valorile tale, cum ai putea folosi aceste resurse ca să ajuţi? (oameni, alte fiinţe, cauze, organizaţii, mediul, planeta etc.)

MISIUNEA TA PERSONALĂ

Să te gândești sau să îți scrii misiunea personală este o experiență care te schimbă, deoarece ești obligat să-ți revizuiești prioritățile cu grijă și să-ți aliniezi comportamentul cu valorile în care crezi.

Stephen Covey,
7 obiceiuri ale oamenilor eficienți

Misiunea personală are 3 părți:

1. Ce vreau să fac?
2. Pe cine vreau să ajut?
3. Care este rezultatul? Ce lucru de valoare voi crea?

Pași spre descoperirea misiunii personale:

1. Fă exercițiul cu cele 15 întrebări cât mai repede cu putință.
2. Scrie câteva cuvinte de acțiune care te reprezintă.

Exemple: a educa, a realiza, a încuraja, a îmbunătăți, a ajuta, a da, a ghida, a inspira, a integra, a stăpâni, a motiva, a organiza, a produce, a promova, a călători, a împărtăși, a satisface, a înțelege, a învăța, a scrie etc.

3. Pe baza răspunsurilor la cele 15 întrebări, fă o listă cu tot ce crezi că poți îmbunătăți și cu persoanele pe care crezi că le poți ajuta.

Exemple: oameni, ființe, organizații, cauze, grupuri, mediu etc.

4. Identifică-te cu țelul tău. Cum vor beneficia cei din răspunsul precedent de ceea ce vei face?
5. Combină pașii 2-4.

POVESTEA MEA LEGATĂ DE BANI ŞI LECŢIILE DURE PE CARE VIAŢA MI LE-A DAT

Crezi că eu nu am făcut greşeli în ceea ce priveşte finanţele?

Ohoo... cred că eu le-am făcut pe toate!

Şi am suferit consecinţele pentru toate. Dar ce bine că viaţa mi-a dat aceste lecţii aşa devreme şi atât de dur, încât am fost forţată să mă educ şi să învăţ, ca să nu mai fiu luată prin surprindere atât de tare şi viaţa să nu mă mai găsească atât de nepregătită ca în trecut.

Îţi spuneam mai devreme în carte că am fost foarte răsfăţată şi credeam că totul mi se cuvine.

Nu ştiam să preţuiesc banul şi eram obişnuită ca, atunci când ceream ceva, să mi se ofere fără un efort prea mare.

Nu ştiam cum e să îţi doreşti ceva mult şi să nu primeşti, iar atunci când nu primeam imediat, credeam că nu m-am milogit suficient de frumos şi că trebuie să mai insist asupra acelui lucru.

Nicidecum nu mă gândeam că trebuie să muncesc din greu ca să obţin acel lucru.

Întâi m-au răsfăţat părinţii, apoi primul meu iubit, care, la vârsta de 20 de ani, mi-a cumpărat un salon de remodelare corporală, pentru că îmi doream să fac şi eu ceva din pasiune, aşa cum făcea el, şi aveam impresia că, atunci când o să am propriul salon, o să fiu foarte fericită şi nu o să mă mai plictisesc.

Deci, să recapitulăm:

- ✓ Când eram mică, îmi cumpărau ai mei toate jucăriile pe care orice copil le visa.
- ✓ Apoi, în adolescenţă, eram mereu „în pas cu moda" şi aveam tot ce era nou şi „în trend."
- ✓ La 19 ani am primit cadou prima mea maşină.

- ✓ La 20 de ani am primit un salon de înfrumusețare.
- ✓ În facultate, când mi se terminau banii, ştiam că nu o să mă lase ai mei să mor de foame şi că, oricât de neglijentă aş fi fost cu finanţele mele, ei aveau grijă să completeze ca să nu moară fetiţa de foame.

Cu aceste antecedente, îţi dai seama că eram un dezastru în ceea ce priveşte finanţele.

Am lucrat, într-adevăr, încă din anul doi de facultate. După ce salonul a dat faliment, am fost nevoită să mă angajez, pentru că părinții mei mă amenințau că nu au de gând să îmi mai finanțeze toate mofturile.

Aşa că a trebuit să mă angajez, pentru că eram obişnuită să trăiesc „pe picior mare" şi trebuia să îmi permit în continuare ieşirile la masă, la petreceri, la film, haine, benzină, plimbări la munte și la mare etc.

Nu eram dispusă să renunţ la nimic din toate acestea, aşa că mi-am dat seama că singura soluţie era să lucrez şi să îmi câştig singură banii.

Nu cred că e nevoie să spun că, la câteva zile după ce luam salariul, rămâneam fără bani. Și salariul nu era chiar mic.

Nu ştiam să îmi gestionez finanţele deloc şi, oricât de mulţi bani aş fi avut, nu ştiam ce înseamnă să economiseşti, nu ştiam ce înseamnă să îţi planifici salariul astfel încât să îţi ajungă măcar toată luna.

Nu! Eu ştiam să cer sau să mă împrumut atunci când rămâneam fără bani. Iar la salariu nu era chiar plăcut atunci când trebuia să îmi înapoiez datoriile.

O altă mare greşeală pe care am făcut-o a fost că mi-am schimbat serviciul şi m-am angajat la firma viitorului meu soț.

În afara faptului că nu cred că este indicat să lucrezi în acelaşi loc cu partenerul de viaţă, marea mea greşeală a fost că eram „la mâna lui."

Când am vrut să îmi schimb jobul, pentru că îmi doream mai mult, el mi-a interzis asta, cu scuza că e mai bine să muncesc pentru noi decât pentru alţii şi de ce să mă duc să „se dea şeful la mine."

Nu aveam niciun ban pus deoparte când m-am hotărât să mă despart şi niciun plan făcut, în caz că trebuia să mă descurc singură, fără el.

Dacă mă despărţeam de el, rămâneam fără serviciu, fără casă, fără indemnizaţie pentru copil (a trecut totul pe numele lui pentru că avea salariu mai mare şi nu am văzut niciun leuţ din banii copilului).

Din această cauză, mi-a fost extrem de greu să iau decizia să plec.

Îmi era frică de sărăcie.

Îmi era frică de faptul că nu mă voi descurca.

Îmi era frică de necunoscut şi de tot ce urma.

Îmi era frică de gura lumii.

Cum aveam să mă descurc singură, cu un copil, fără bani, fără serviciu, fără casă?

Eu, care nu ştiam ce înseamnă să nu ai, eu, care nu ştiam ce înseamnă să fiu singura responsabilă de viaţa şi de finanţele mele. Şi nu mai eram responsabilă numai de mine, ci şi de David, băieţelul meu de nici un an.

Un scenariu mai rău decât ăsta nici că putea fi!

Aveam de ales între a fi nefericită toată viaţa şi a trăi într-o închisoare sau a mă confrunta cu sărăcia şi cu neajunsurile. Cel puţin, doar aceste două variante le vedeam atunci.

Plângeam și nu mă mai puteam opri din plâns, încercând cu disperare să găsesc o soluţie.

Cu toate acestea, în momentul în care am ajuns pe marginea prăpastiei, mi-am asumat orice risc și am luptat, în ciuda celui mai pesimist scenariu. Libertatea și fericirea mea și a lui David erau mult mai importante.

Nici acum nu ştiu de unde am avut atâta forţă, de unde am avut atâta hotărâre şi tărie să lupt cu toate aceste condiţii care erau împotriva mea.

Dar dacă eram fată deşteaptă şi calculată şi eram pregătită din timp?

Draga mea, oricât de bine ţi-ar fi în acest moment, oricât de mult te-ar iubi cel de lângă tine şi oricât de răsfăţată eşti astăzi, nu ai de unde să ştii ce îţi rezervă ziua de mâine.

Crezi că îţi permiţi să treci prin toate necazurile prin care am trecut eu din cauză că acum nu vrei să iei în calcul posibilitatea de a te întreţine singură?

Crezi că merită suferinţa şi preţul plătit pentru ignoranţă?

Eu îţi spun din proprie experienţă că NU!!!

Este groaznic să nu ştii dacă vei avea cu ce să îţi întreţii copilul mâine. Este foarte dureros ca el să îţi ceară ceva şi tu să nu îi poţi oferi.

Este trist să rămâi într-o relaţie nesănătoasă, în care tu să suferi în fiecare zi din cauză că nu te poţi întreţine singură.

Este păcat să îţi iroseşti viaţa şi să îmbătrâneşti înainte de vreme, când te poţi pregăti din timp, ca o femeie deşteaptă şi calculată ce eşti, astfel încât să fii tu cea care deţine controlul şi care îşi permite să ia deciziile după cum îi dictează inima, nu după cum îi dictează buzunarul!

CELE MAI GRAVE GREŞELI FINANCIARE PE CARE LE FAC FEMEILE ŞI CUM SĂ LE EVIŢI

Trebuie să recunosc că noi, femeile, suntem predispuse să facem anumite lucruri ridicol de stupide în legătură cu banii. Cred că e timpul să ne deşteptăm puţin în această privinţă.

Hai să îți dau câteva exemple de lucruri stupide pe care multe dintre noi le facem atunci când e vorba despre bani.

- ✓ Acceptăm mitul potrivit căruia bărbații sunt mai buni decât noi în ceea ce privește banii.
- ✓ Acceptăm mitul conform căruia bărbații se pricep mai bine la investiții decât noi, femeile.
- ✓ Ne căsătorim pentru bani.
- ✓ Rămânem într-o căsnicie sau într-o relație care nu merge fiindcă ne e teamă că nu ne putem descurca singure din punct de vedere financiar.
- ✓ Lăsăm un bărbat să ia în locul nostru toate deciziile financiare importante.
- ✓ Nu punem la îndoială deciziile financiare ale unui bărbat, pentru că nu vrem să îi rănim orgoliul.
- ✓ Primim sfaturi financiare de la așa-ziși experți, pentru că presupunem că nu suntem suficient de inteligente.
- ✓ Tăcem ca să fie pace! (ah... de câte ori am făcut greșeala asta!)
- ✓ O lungim prea mult într-o relație pentru că, cel puțin pe plan financiar, avem o situație „confortabilă."
- ✓ Apoi suntem părăsite pentru femei mai tinere... pentru că am lungit-o prea mult... logic!
- ✓ Sperăm că bărbatul de lângă noi se va schimba! (Te anunț că nu se va schimba în bine... poate doar se vor accentua exact acele trăsături care nu îți plac.)
- ✓ Urmăm bărbatul, chiar și atunci când se „rătăcește" și ne este frică să îi arătăm „calea cea dreaptă."
- ✓ Ne subapreciem.
- ✓ Acceptăm toate inegalitățile de la serviciu doar pentru salariu.

- ✓ Acceptăm să renunțăm la carieră și la viața noastră socială de dragul familiei.
- ✓ În cazul în care stăm peste program la serviciu, ne simţim vinovate şi avem remuşcări pentru că nu suntem acasă cu copiii.
- ✓ Nu ni se acordă promovarea sau mărirea de salariu pe care o merităm și rămânem în continuare acolo.
- ✓ Acceptăm să fim plătite mai puțin decât bărbații aflați pe aceeași poziție ca noi și adesea facem și treaba lor.
- ✓ Nu ne îngrijim de viitoarea noastră situație financiară, pentru că avem încredere că bărbatul de lângă noi va fi mereu lângă noi și lângă copil, îngrijindu-se de toate.
- ✓ Acceptăm să se treacă numai el pe actele de proprietate ale bunurilor familiei, pentru că nici prin gând nu ne trece o despărțire... sau dacă, Doamne ferește, ne-am despărți, avem încredere că ne-ar da tot ce ni se cuvine! GREȘIT!
- ✓ Găsim consolare în cumpărături, pentru a acoperi alte goluri – în loc să ne confruntăm direct cu situația în cauză.
- ✓ Nu economisim – ne gândim doar la ziua de azi.

Cele mai multe dintre noi au făcut unul sau mai multe dintre aceste lucruri prosteşti şi unele dintre noi acum suferă consecinţele acestor greşeli.

Începe chiar de astăzi să te gândeşti la situaţia ta din prezent. Câte dintre lucrurile de mai sus le-ai putea bifa?

Ia atitudine și fă ceva pentru viitorul tău și al copiilor tăi. Nu te baza pe nimeni, în afară de tine!

Adevărata crimă o reprezintă efectul negativ pe care îl are acest tip de comportament asupra respectului nostru de sine, asupra încrederii și prețuirii de sine.

Draga mea, te provoc să preiei controlul!

Tu pe care dintre greşelile de mai sus le faci?

LECŢII FINANCIARE SIMPLE PENTRU A DEVENI INDEPENDENTĂ FINANCIAR

Libertatea financiară este abilitatea fantastică de a lua decizii cu privire la ceea ce vrem să facem în viață, fără restricțiile impuse de lipsa banilor.

Aceasta nu înseamnă că trebuie să facem vrăjitorii pentru a câştiga bani sau că trebuie să ne dăm peste cap să facem afaceri foarte profitabile.

Şi mai e ceva important!!!

A fi liber din punct de vedere financiar nu ține doar de bani, investiții, conturi. Succesul financiar ține de felul în care priveşti banii. Dacă nu ai o schemă mintală care să te ducă acolo unde vrei, degeaba ai celelalte resurse.

Degeaba ai învățat să fii antreprenor, degeaba eşti talentată într-ale cifrelor sau ai idei geniale, dacă nu dezvolți gândirea unei femei de succes.

De ce crezi că sunt atâția oameni buni în ceea ce fac, atâția oameni talentați şi deştepți care mor de foame? Pentru că mentalitatea nu le permite să facă bani.

Femeile cu venituri modeste, părinții singuri și persoanele fără studii superioare se pot totuși bucura de siguranța financiară pe termen lung.

Trebuie întâi să îți stabileşti profilul.

Este esențial dacă eşti singură sau dacă ai responsabilitatea întregii familii.

Eşti cea care câştigă şi care administrează problemele tale financiare.

Dacă ai o relație de lungă durată sau dacă ești căsătorită, cu sau fără copii, situația poate fi alta.

Cheia este comunicarea.

Exprimă în mod deschis ce părere ai despre distribuția diverselor roluri financiare și despre cum se împart responsabilitățile în familie. (Asta dacă ai cu cine să împarți aceste responsabilități.)

Spune-ți: „Am responsabilitatea modului în care îmi administrez contul și trebuie să știu ce și când trebuie plătit."

Teama numărul unu pe care femeile o au despre bani este că vor fi falite la bătrânețe.

Expertul financiar și celebra autoare Dr. Judith Briles spune: „Statisticile arată că, pentru fiecare o sută de femei și bărbați care ating vârsta de șaizeci și cinci, doar două persoane sunt independente financiar."

Trist, nu?

Realitatea este că fie ești bogat, fie sărac sau undeva la mijloc, iar persoana pe care trebuie să te bazezi pentru a nu sfârși la un azil pentru săraci ești tu: imaginația, creativitatea, intuiția și inteligența ta.

Alte mari temeri legate de bani pe care le au femeile sunt:

✓ să piardă bani;

✓ să nu fie în stare să își plătească ratele;

✓ să discute despre bani;

✓ să împrumute bani;

✓ să schițeze și să respecte un plan;

✓ să investească;

✓ să aibă în preajmă persoane care oferă sfaturi financiare neinspirate.

Te regăsești pe această listă?

Educația este principalul factor care îți influențează obiceiurile financiare.

Majoritatea femeilor ar vrea să aibă mai multe informaţii despre bani, dar au crescut în familii care evitau astfel de subiecte. Erau doar discuţii de suprafaţă, dar rareori existau instrucţiuni concrete.

Acordă-ţi timpul de a-ţi nota temerile şi părerile despre bani.

De ce sunt acestea un obstacol pentru tine?

Ce părere ai despre datorii?

Care este toleranţa ta de risc atunci când trebuie să investeşti?

Părerile învechite şi negative te ţin blocată. După cum am spus şi mai sus, poţi renunţa la această atitudine înfruntându-ţi teama şi adoptând uşor, uşor atitudinea şi mentalitatea unei femei de succes.

Cel mai bun mod în care poţi face asta este de a implementa următoarea măsură.

Învaţă să fii isteaţă din punct de vedere financiar şi vei trăi liberă.

Învaţă cum funcţionează banii. Nu este chiar atât de complicat. Sunt multe cursuri la care poţi participa, de la cele mai simple, care te învaţă cum să îţi administrezi contul, şi până la procese mai complicate. Dacă nu ai timp pentru a merge la un curs, există multe cărţi care te vor învăţa tot ce trebuie să ştii.

De asemenea, o parte dintre aceste cărţi sunt pe CD, aşa că poţi economisi timp ascultându-le în timp ce conduci. Internetul este un depozit vast de informaţii financiare. Acordă o oră pe săptămână să studiezi acasă.

Dacă simţi că îţi lipsesc cunoştinţele sau înţelegerea aspectelor legate de bani, stabileşte-ţi un scop realist de a te educa pentru lunile viitoare. Poate citeşti o astfel de carte sau discuţi cu o prietenă care se pricepe la bani la o cafea.

Nu-i aşa că nu vrei să intri într-o criză financiară provocată de alegeri neinspirate care ar fi putut fi împiedicate cu uşurinţă având nişte cunoştinţe minime?

Realitatea financiară îi intimidează adesea pe oameni, așa că au tendința de a evita sau de a nega faptul că ceva nu este în regulă. Dacă îți ascunzi capul în nisip, nu înseamnă că reușești să îți rezolvi problemele financiare.

Unele femei dau vina pe soți, parteneri sau prieteni care le-au dat sfaturi proaste; orice, pentru a evita realitatea.

Dar aceasta nu este atitudinea unei femei de succes. O femeie puternică și care știe ce vrea de la viață își va asuma responsabilitatea și în ceea ce privește finanțele sale.

Tot mai crezi că altcineva este responsabil pentru că tu nu ai bani?

Încă dai vina pe circumstanțe pentru datoriile pe care le ai?

Dacă ai oarece dificultăți financiare, este esențială o evaluare corectă. Mulți oameni trăiesc într-o fantezie, în loc de lumea reală. Programează un moment pentru a efectua acest control în detaliu. Dacă și altcineva din familie este implicat, faceți acest control împreună.

Cel mai important lucru este să accepți realitatea. Este fundația pe care poți clădi un plan mai sănătos pentru viitoarea ta prosperitate.

Scrie în detaliu unde se duc banii în fiecare lună și ceea ce câștigi, excluzând impozitele. Vei fi uimită să descoperi diversele moduri în care cheltuiești banii. Pachetul de țigări din fiecare zi te costă pe an în jur de 1000 de euro. Poate este în regulă, poate nu.

Acest exercițiu poate fi dificil, mai ales dacă ai datorii semnificative. Vestea bună este că poți începe imediat să iei măsuri noi bazându-te pe realitate.

Pe termen lung, onestitatea ta îți va aduce economii considerabile.

Pericolul unui stil de viață haotic, agitat este că o săptămână trece imediat și, înainte de a-ți da seama, s-a dus deja jumătate de an. Multe femei îmi spun că aceasta este realitatea lor.

Ceea ce este și mai rău e că, atunci când treci de la o săptămână la alta, nu mai vezi imaginea de ansamblu. În ceea ce privește banii, trebuie să fii atentă la ce se va întâmpla, pentru a evita surprizele.

Întreabă-te ce achiziții sau plăți majore vor fi necesare în următorii doi ani: o mașină nouă, renovarea casei, plata facultății, o nuntă de familie, cheltuieli medicale, o vacanță deosebită, pentru a sărbători o aniversare specială sau poate o contribuție importantă pe care vrei să o ai.

Te-ai gândit la un plan pentru aceste cheltuieli?

Sau este un plan cu pumnii strânși și speranțe că vei trece peste ele cu bine și care ar putea crea o altă gaură financiară adâncă, pe care o vei putea acoperi în ani?

Gândește-te la modul de viață pe care vrei să îl ai în anii care vin.

Este realist, creat pe baza situației tale financiare actuale?

Poate fi simplificat?

Banii nu garantează fericirea.

Sunt mai multe opțiuni.

Cheltuim bani în mod constant, ceea ce înseamnă că ne formăm niște modele pentru această activitate. Dacă facem în mod constant alegeri neinspirate legate de bani, ajungem la tot felul de situații neplăcute.

De exemplu, dacă suntem tot timpul în întârziere plătind impozitul pe venit sau datoriile de pe cardurile de credit sau orice ar putea provoca penalizări cu dobândă, este ca și cum ai lua un teanc de bancnote de 50 RON și le-ai da foc.

Probabil îți spui că e o nebunie. De ce ar face cineva așa ceva? Exact!

Notează-ți toate obiceiurile proaste care se învârt în jurul banilor. Probabil că ai unele dintre aceste obiceiuri de ani întregi. Trebuie să ți le notezi, pentru a vedea adevărul clar în fața ochilor. Apoi alege cel mai dăunător obicei.

Ia-ţi angajamentul de a nu mai da curs acestui obicei. Nu vor mai fi plăţi întârziate, cheltuieli pentru fleacuri, cumpărături sub impulsul momentului sau plăţi mult prea ridicate.

De acum înainte, aşa ceva este pur şi simplu inacceptabil.

Unele femei nu trebuie să îşi creeze un plan financiar mai bun, ci pur şi simplu trebuie să îşi creeze un plan.

Un plan bun începe întotdeauna având rezultatul în minte.

Care este prioritatea ta?

Să scapi de datorii, să creezi un venit suficient din investiţii care să îţi permită să nu mai lucrezi în următorii cinci sau zece ani?

Ce mod de viaţă îţi doreşti?

Poate vrei doar să păstrezi controlul asupra cardurilor tale de credit. Ai o perspectivă măreaţă, care include multe călătorii şi o viaţă socială stimulantă?

Există o parte din tine care îşi doreşte să facă ceva creativ sau artistic, dar nu ai banii care ţi-ar da libertatea de a-ţi urma visul?

În ceea ce priveşte investiţiile, cheia este diversificarea.

Poate fi riscant să ai toate ouăle într-un singur coş ca, de exemplu, bursa de valori, în funcţie de momentul în care vrei să retragi bani.

Pentru majoritatea oamenilor, aceasta este partea cea mai dificilă. Te ajută să te concentrezi pe rezultatul final şi pe libertatea pe care disciplina ta financiară ţi-o va aduce.

Problemele financiare sunt unul dintre principalele motive de divorţ. Cu siguranţă, nici sărăcia nu este tocmai nostimă.

Teama de a deveni bătrână cerşetoare este foarte mare pentru multe femei. Toate acestea sunt motive bune pentru a nu renunţa la planul tău.

Foloseşte orice stimul care te-ar putea motiva, fie că este vorba despre teama de a pierde, fie despre bucuria independenţei financiare.

Educarea copiilor în probleme financiare este responsabilitatea părinţilor. Învaţă-i pe copii valoarea unui ban.

Dă-le exemple clare cu obiceiuri financiare neinspirate şi iniţiază discuţii deschise în timpul cinei. Pe măsură ce cresc, învaţă-i să economisească pentru ceea ce îşi doresc. Te vor respecta mai târziu pentru asta.

Învaţă-i conceptul de a oferi şi de a fi caritabil. Un bun exemplu, chiar şi pentru un copil mic, este acela de a-i explica faptul că un leu poate fi împărţit după cum urmează: 10% pentru guvern (impozite), 10% pentru acte caritabile (oameni care sunt mai puţin norocoşi) şi restul pentru tine.

Acum că înţelegi cum să depăşeşti aspectele negative ale imaginii, sănătăţii şi banilor, să adăugăm un factor care îţi va garanta că te vei bucura de cele mai bune rezultate.

Acest factor se numeşte obiceiuri de succes.

Este liantul care ţine totul legat, zi după zi. Obiceiurile sunt discipline zilnice care stabilesc dacă vei avea în final o imagine mentală pozitivă sau nu, o sănătate de fier şi independenţă financiară.

Iată un aspect important care trebuie reţinut.

Oamenii de succes au obiceiuri de succes, ceea ce nu este cazul cu restul oamenilor. Este foarte simplu. Poţi aplica această strategie oricărui domeniu din viaţa ta pe care doreşti să îl îmbunătăţeşti şi să ai recompense minunate.

În primul rând, să definim obiceiurile. În câteva cuvinte, obiceiurile sunt ceva ce facem adesea, până când devine foarte uşor de făcut. Cu cât repeţi mai mult acest comportament, cu atât devine mai uşor, până când, într-un final, faci acest lucru în mod inconştient.

De exemplu, voiam să cresc cantitatea de apă şi de fructe pe care le consumam. O luam bine la început, timp de vreo două săptămâni, după care uitam. Problema era că nu respectam un anumit program. Aveam nevoie de un plan.

Am hotărât ca, de fiecare dată când mergeam la sală, să iau o sticlă mare de apă și un fruct, promițându-mi că le voi consuma pe amândouă până când voi pleca acasă.

Cu toții suntem conduși de obiceiuri. O mare parte din comportamentul nostru zilnic poate fi caracterizat de obiceiuri.

Primele nouăzeci de minute ale dimineților mele, din momentul în care mă trezesc, până când sunt în dispoziția de a lucra, sunt alcătuite din obiceiuri automate: baie, duș, machiaj, îmbrăcat, pregătirea micului dejun, verificarea listei cu lucrările pe care le am de făcut și un lucru foarte important pe care am vrut să mi-l rutinez – scrisul!

Bunul meu prieten și asociat, Daniel, m-a învățat asta:

Prima oră din zi ocup-o cu cel mai important lucru pe care îl ai de făcut! Și, când zic cel mai important, nu mă refer la cel urgent. Adică, nu mă refer la facturi, la vase sau rufe de spălat. Că pe astea oricum le vei face.

Lucrează prima oră din zi pentru visul tău. Pentru scopul tău măreț. Și vei vedea ce se va întâmpla.

De ce dimineața?

Pentru că atunci nu te deranjează nimeni, nu intervin urgențele de peste zi și, în plus, niciunul dintre aceste obiceiuri de dimineață nu necesită luarea de decizii majore, pentru că se rutinează alături de celelalte tabieturi de dimineață. Are sens ce zic?

Când te trezești, te gândești imediat: „Oare care îmi vor fi obiceiurile astăzi?” Evident că nu. Pur și simplu, faci ce faci de obicei și îți vezi de treburile tale.

Obiceiurile bune produc rezultate mai bune.

Draga mea, nu uita niciodată, rezultatele obiceiurilor tale rele nu vor apărea decât mult mai târziu în viață. Ele sunt consecințele faptelor tale.

Dacă vom continua să facem alegeri greșite cu privire la sănătatea sau la banii noștri, consecințele probabil nu vor apărea imediat.

E nevoie de timp ca să se acumuleze colesterolul într-o cantitate care poate provoca infarct. Cancerul de plămâni nu își arată consecințele mortale după un singur pachet de țigări. Totuși, rezultatul este, de obicei, fatal.

Unele femei au adoptat ideea: **„Cheltuiește acum, economisește mai târziu."** Ele cred că, într-o bună zi, vor începe să pună bani deoparte. Intenționează să facă asta, dar nu se întâmplă niciodată.

Consecințele obiceiurilor tale rele pot fi foarte grave. Poți ajunge să ai o sănătate precară sau să muncești în anii pe care ți i-ai planificat pentru pensie.

Pentru unii, este chiar și mai rău: destituiți și faliți, ajung să ceară sprijin pentru a putea supraviețui.

Iată ce poți face pentru a evita aceste scenarii neplăcute:

Notează-ți obiceiurile rele.

✓ Scrie-ți-le, știi care sunt. Ia în considerare fiecare domeniu al vieții tale: condiție fizică, relații, serviciu, bani, alimentație, șofat, dormit, comunicare, punctualitate, promisiuni etc.

✓ Definește fiecare obicei foarte clar. De exemplu, opresc ceasul de cinci ori dimineața înainte de a mă trezi în cele din urmă.

✓ Alege un obicei pe care chiar vrei să îl schimbi.

Evaluează consecințele.

✓ Lângă acest obicei, scrie consecințele acestuia, dacă vei continua cu un astfel de comportament.

De exemplu, dacă dormi până târziu într-o zi de lucru, poate înseamnă un început ratat. Te grăbești, nu iei micul dejun, nivelul stresului crește din cauza traficului aglomerat. Ajungi la birou tensionată, fără răsuflare și încă furioasă pe tâmpitul care s-a oprit când semaforul arăta verde.

Situațiile repetate în care întârzii pot avea drept consecințe concedierea ta sau etichetarea ta ca fiind o persoană pe care oamenii nu se pot baza.

✓ Gândește-te la consecințele pe termen lung ale comportamentului tău, și nu la cele pentru săptămâna viitoare.

Stabilește-ți noul obicei și ia măsuri.

✓ Este ușor să definești un obicei mai bun. Pur și simplu, scrie opusul obiceiului rău. De exemplu: trezește-te la timp. Nu opri ceasul nici măcar o dată, nicidecum de cinci ori.

✓ Împreună cu noul tău obicei, scrie și trei măsuri de acțiune care vor transforma în realitate acest comportament dorit.

De exemplu: ridică-te imediat din pat atunci când se oprește ceasul. (Știu că pare prea simplu, dar funcționează!) Roagă o prietenă să te sune exact la ora la care vrei să te trezești. Cumpără un nou deșteptător, cu o alarmă îngrozitor de puternică, și așază-l în colțul opus al camerei. Ideea este să faci ceva care va pune în aplicare imediat noul tău comportament.

✓ În cele din urmă, scrie toate beneficiile de care te vei bucura odată cu noul tău obicei, care a devenit automatism.

În majoritatea cazurilor, între treizeci și nouăzeci de zile. Trezitul la timp devine repede un automatism și nu vei mai avea nevoie de un deșteptător. Vei fi mai relaxată și vei putea începe ziua ușor, în loc să o începi agitată. Stresul îți afectează sănătatea pe termen lung, iar faptul că ajungi la timp la serviciu îți indică integritatea.

Vei fi recunoscătoare pentru că ai făcut această schimbare.

Fii înțelegătoare cu tine însăți. Viața nu se rezumă la perfecțiune. Iubește-te, apreciază-te și acceptă-te.

Treci peste informaţiile eronate şi zidul ridicat de stres şi devino independentă în gândire.

Fii responsabilă pentru sănătatea ta şi ai grijă de confortul tău pe viitor. Corpul pe care îl ai este singurul pe care îl primeşti, aşa că tratează-l cu grijă şi cu respectul pe care îl merită.

Cât despre imagine, sănătate şi bani, poate fi greu să schimbi nişte obiceiuri vechi şi ai nevoie de timp pentru a cultiva altele noi.

Totuşi, orice merită a fi îndeplinit merită efortul de a-l obţine. Nu este acelaşi lucru să îţi doreşti o schimbare şi să faci ca aceasta să se şi producă.

Fă ceea ce trebuie să faci. Dacă nu acum, atunci când?

În acest capitol vom analiza de ce unele femei se acoperă de succes, cum reuşesc să se concentreze asupra a ceea ce vor şi tehnicile pe care le folosesc pentru a ajunge aici.

Vom analiza mai atent fericirea şi modul în care putem aduce mai multă bucurie în viaţa noastră.

În concluzie, vom examina un alt aspect important al realizării unei vieţi importante, puterea obiectivelor propuse.

Pentru a avea viaţa pe care ţi-o doreşti trebuie să îţi dai seama ce implică ea. Multe femei tinere îşi aleg locul de muncă fără nicio planificare sau fără a se gândi dinainte.

Uneori, o prietenă sau un părinte le poate influenţa decizia. Câţiva ani mai târziu, se trezesc prinse într-o slujbă care nu le place sau care a eliminat orice posibilităţi de afirmare.

Multe trăiesc nişte vieţi de disperare mută.

Spun asta pentru că şi eu am păţit la fel. Ştii că îţi spuneam că am făcut o facultate care nu îmi plăcea doar pentru că aşa dădea bine şi apoi mi-am luat un job de economist, job care nu mă făcea deloc fericită, simţindu-mă foarte tristă în fiecare zi.

Ştii exact ce vrei de la viaţă? Ai identificat care îţi sunt priorităţile?

Cu cine vrei să petreci mai mult timp?

Ce locuri vrei să vizitezi? Ce obiective vrei să atingi?

Sau te afli într-o rutină în care treci de la o săptămână la alta şi nu ai niciodată timp să te gândeşti şi să faci planuri?

Atunci când duci o existenţă de rutină, poate că viaţa este în regulă la un anumit nivel, dar, la alt nivel, încă ai visuri, chiar dacă s-au mai şters, oarecum. Aceste visuri se pot referi la lucruri pe care ai vrea să le faci sau să le încerci sau la sentimente pe care ai vrea să le ai.

Am discutat deja despre cât de mult afectează echilibrul ritmul agitat al vieţii. Afectează şi concentrarea, şi viitorul nostru.

Realitatea şocantă este că doar 3% dintre bărbaţi şi femei şi-au acordat timpul de a se gândi la viitor. Ceea ce înseamnă că 97% dintre noi trec pur şi simplu de la o săptămână la alta, fără niciun plan de a trăi viaţa pe care ne-o dorim cu adevărat.

Nu e de mirare că atâţia oameni ajung la bătrâneţe regretând toate lucrurile pe care ar fi putut să le facă, dar nu şi-au permis niciodată din cauza lipsei timpului sau pur şi simplu pentru că nu şi-au dat seama cum au trecut anii.

Dacă aş fi călătorit mai mult... Sunt atâtea locuri frumoase pe care voiam să le văd, dar n-am reuşit niciodată să ajung acolo.

Îmi doresc să fi petrecut mai mult timp bucurându-mă alături de familia mea. Acum copiii au plecat şi au propriile vieţi ocupate. Nu prea îi mai văd.

Îmi doresc să fi economisit nişte bani de-a lungul timpului, poate că n-ar mai fi trebuit să muncesc acum atât.

În care dintre afirmaţiile de mai sus te regăseşti? Trece viaţa pe lângă tine sau te pregăteşti să creezi o nouă imagine?

N-ar fi mai bine să stabileşti o nouă disciplină acum, în loc să ajungi să regreţi mai târziu?

Durerea disciplinei cântăreşte grame, în timp ce durerea regretelor cântăreşte tone.

Jim Rohn

Programează-ţi timp pentru a medita.

Este un prim pas important. Indiferent cât de ocupată eşti, pentru a-ţi construi un viitor mai bun trebuie să ştii ce vrei, iar pentru asta ai nevoie de timp să meditezi.

Nu poţi planifica o viaţă mai bună gândindu-te pe fugă. Ştiu că probabil ai multe de făcut, dar este o problemă serioasă şi necesită timp fără întrerupere, un carneţel pentru notiţe şi 100% concentrare.

Pentru a-ţi crea imaginea de ansamblu, poţi folosi două metode.

Prima metodă: înseamnă pur şi simplu să faci o listă cu tot ce ţi-ar plăcea să realizezi într-o anumită perioadă. Un plan pentru un an este suficient, de obicei.

Majoritatea dintre noi ne putem gândi destul de uşor la următoarele douăsprezece luni. Unii oameni îşi creează planuri pentru trei, cinci sau zece ani. Mie mi se pare destul de greu. Alege perioada care ţi se potriveşte cel mai bine.

Pentru a te stimula, întreabă-te următoarele:

- ✓ Care este realitatea mea?
- ✓ Ce vreau să fac la anul?
- ✓ Ce vreau să am?
- ✓ Unde vreau să merg?
- ✓ Ce contribuţie vreau să am?
- ✓ Cu cine vreau să îmi petrec timpul?
- ✓ Ce vreau să învăţ?

✓ Ce vreau să devin?

Dacă vrei, adaugă alte întrebări acestei liste. Crearea unei imagini interesante pentru anul/anii care urmează necesită reflecţie, analiză şi introspecţie. Nu există o modalitate rapidă de a rezolva aceasta.

Programează cel puţin o zi întreagă pentru a clarifica ce este şi ce nu este important pentru tine. Dacă ai o familie, este o idee bună să o incluzi în acest exerciţiu, deoarece va fi afectată de rezultat. Copiii adoră asta, mai ales dacă are de-a face cu distracţia şi cu vacanţele.

Aşterne-ţi gândurile şi deciziile pe hârtie. Apoi stabileşte care sunt priorităţile.

Stabileşte termene-limită realiste pentru obiective specifice precum o maşină nouă sau pentru renovarea casei. Dacă nu ai mai făcut acest tip de planificare înainte, vei descoperi că este revelator şi stimulant.

În această etapă, nu te îngrijora cu privire la modul în care vei realiza tot ce se află pe listă. Claritatea neobişnuită creează pur şi simplu o perspectivă mai limpede asupra a ceea ce vrei şi de ce vrei.

Atunci când ai realizat asta, poţi începe să concepi un plan de acţiune.

A, şi gândeşte-te serios de ce vrei să realizezi aceste obiective. Motivele puternice ne conduc către succes. Ne dau energia de a merge mai departe, mai ales atunci când apar obstacole.

De exemplu, poate vrei să îţi trimiţi părinţii într-o excursie specială, undeva unde şi-au dorit să ajungă, dar nu şi-au permis. Dacă îţi imaginezi bucuria pe care le-o aduci, mai ales dacă va fi o surpriză, poate fi singura motivaţie de care ai nevoie.

Chiar dacă ar însemna să te sacrifici financiar, probabil că te-ai gândit la o soluţie de a duce planul la bun sfârşit. Este uimitor cât de creativi devenim atunci când avem un motiv puternic.

Cea de-a doua metodă: creează-ți propria imagine

Poate fi prea monoton să îți stabilești obiective astfel. Pentru unele femei este prea rigid, prea în alb și negru. Pentru cea de-a doua metodă, de a-ţi crea propria imagine de ansamblu, în loc să faci liste, concepe o imagine reală. Tot trebuie să iei decizii referitoare la ceea ce vrei.

Totuşi, poţi să îţi concepi planul ca un fel de hartă, o imagine vizuală a locurilor în care vrei să mergi. Foloseşte imagini din cărţi de călătorie şi reviste mondene.

Dacă vrei să slăbeşti, fă-ţi o imagine despre cum vei arăta atunci când îţi vei realiza obiectivul.

Imaginile vizuale sunt puternice. Poţi extinde această idee creând o carte colorată cu ceea ce vrei, folosind diverse categorii: sănătate, distracţie, concedii, pasiuni, carieră, familie, bani, relaţii, contribuţie.

Îndrăzneşte să ai visuri măreţe pe baza dorinţelor profunde!

Concentrează-te pe ceea ce faci cel mai bine

Eu consider că toată lumea a fost binecuvântată cu talente şi cu abilităţi speciale. O parte importantă din viaţa noastră o reprezintă descoperirea acestora.

Ştii la ce te pricepi cel mai bine?

Da, am spus „cel mai bine."

Sunt cuvinte de care majoritatea femeilor se feresc. Priveşte problema din această perspectivă.

Ce faci cu uşurință, în timp ce alții realizează destul de greu?

Ce îți oferă energie şi te stimulează?

În timpul căror activităţi ai impresia că timpul zboară?

Care sunt talentele tale naturale?

Dacă te gândeşti să faci o schimbare la serviciu sau în carieră, caută răspunsul în afara CV-ului profesional.

Ai pasiuni, visuri sau talente care ar putea fi semințele unei noi vocații?

Prea adesea ne prefacem că nu vedem lucrurile care ni se întâmplă în mod natural. Credem că întotdeauna trebuie să muncim din greu pentru a obține ceva.

Poate ai calități fantastice de organizatoare, pe lângă abilitățile multilaterale pe care aproape toate femeile trebuie să le dobândească.

Poate te pricepi foarte bine la calculatoare sau ai o înclinație către culori și modă.

Poate ai niște calități minunate de comunicare cu ceilalți sau te pricepi să vorbești în public. Talentele tale naturale îți oferă energie.

Atunci când faci ceea ce îți place, vei simți nu doar o senzație de bucurie și de împlinire, ci și un flux liber de energie.

Să faci ceea ce îți place cel mai mult este o parte esențială din a detecta sursele tale de energie și de revigorare.

Acesta este procesul prin care îți cauți adevărata identitate.

Dacă nu ai făcut asta până acum, fă o listă cu numeroasele tale calități și acordă fiecăreia o notă de la unu la zece. Cele mai mari note le vor obține calitățile la care ești cea mai bună.

Dacă nu ești sigură, solicită ajutorul celor mai apropiați prieteni sau colegilor de serviciu. Uneori, aceştia îţi observă talentele mai bine decât poţi tu. Întreabă-te cât din timpul tău investeşti în ceea ce faci cel mai bine. La serviciu, îţi sunt exploatate calităţile sau îţi petreci ziua folosind mai puţine competenţe?

Începe să te concentrezi mai mult asupra lucrurilor pe care le faci cel mai bine, mai ales la serviciu.

Te vei simţi mai plină de energie şi vei crea mai multe ocazii pentru tine însăţi, îmbunătăţindu-ţi în mod constant calităţile naturale.

CE ESTE FERICIREA ŞI CUM PUTEM ADUCE MAI MULTĂ FERICIRE ÎN VIAŢA NOASTRĂ?

Cât de repede poate trece viaţa? Cât de repede zboară timpul din mâinile noastre?

De ce este fericirea atât de fragilă?

Mă uit adesea în urmă şi mă mir de ce nu am luat mai mult din fericirea din jurul meu.

De ce nu am văzut unele dintre momentele noastre de aur? Erau acolo, le puteam lua în braţe şi eu le-am ratat.

Am uitat să observ sau eram prinsă de activităţile agitate, astfel încât nu am avut timp să mă opresc şi să respir fericirea? Eram destul de fericită atunci, dar aş fi putut fi şi mai fericită.

Cred că eram propriul obstacol. Învăţasem să mă concentrez pe aspectele negative, permiţând grijilor şi sentimentului de vinovăţie să-mi răpească trăirile pozitive.

Din fericire, acum ştiu mai multe. Permite-mi să îţi împărtăşesc ce am învăţat de atunci despre fericire.

Toţi vrem să fim fericiţi, să avem vieţi pline. Este un adevăr universal.

Fericirea poate fi un sentiment temporal, euforic, ce ne ridică, sau poate fi un sentiment de mulţumire şi de satisfacţie, asemănător mai mult cu o experienţă de durată.

Fericirea înseamnă lucruri diferite pentru oameni.

Pentru mine, fericirea poate fi atunci când scriu şi ştiu că scrisul poate să-i ajute pe cei din jur, fericirea pentru mine înseamnă când citesc mesajele de la voi şi văd că se produc schimbări şi că mesajul meu ajunge acolo unde trebuie, mă bucur de dragostea copilului meu sau de sentimentul de libertate pe care mi-l dă o zi la munte.

Pentru o altă femeie fericirea înseamnă să fie complet scufundată în agitaţia unui proiect. Pentru alţii, este pur şi simplu momentul când se bucură că beau cafeaua cu un prieten bun.

Fericirea este specială pentru fiecare dintre noi, dar majoritatea femeilor adoră să experimenteze mai mult din acest sentiment.

OBSTACOLE ÎN CALEA FERICIRII

De ce pare fericirea atât de fragilă? Pentru că multe dintre noi o căutăm în locuri greşite. Prea adesea credem că răspunsul se află în exterior, în dobândirea lucrurilor materiale.

Dacă ne cumpărăm o casă mai mare, aceasta ar ameliora căsnicia dominată de suferinţă. Atunci când obţinem o primă la serviciu, vom cumpăra o maşină nouă, cu siguranţă ne va face mai fericite.

Este adevărat că, atunci când achiziţionăm ceva nou, există un moment iniţial de plăcere. Dorinţele ne sunt satisfăcute pentru o perioadă scurtă, apoi bula fericirii se sparge şi începem să căutăm altceva mai bun.

Chiar dacă ne ridicăm standardul social acumulând din ce în ce mai mult, de obicei, fericirea nu durează. Ne adaptăm repede la acest nou nivel. Ceea ce la început era „mai mult" devine acum normal.

Încă vrem să accentuăm plăcerea. Mulţi se compară cu alţii care au ceea ce pare o viaţă plină de succes, crezând că, dacă ar avea acelaşi mod de viaţă, ar fi şi ei fericiţi.

Banii sunt adesea instrumentul cu care măsurăm succesul. Dacă am avea mai mulți bani, viața ar fi *minunată*. „Dacă aș putea câștiga la loterie, toate grijile mele ar lua sfârșit și aș fi fericită."

Cercetările arată că nu este adevărat. Mulți câştigători la loterie spun că noua lor bogăție le-a provocat mai multă nefericire şi necaz, şi nu fericire.

Divorțul și pierderea prietenilor sunt evenimente obişnuite după câștigarea banilor la loterie. Probele sunt indiscutabile. Banii nu cumpără fericirea și totuși avem iluzia că o fac.

Atunci când ești supusă pe neașteptate unui eveniment neplăcut, devii, cu atât mai mult, cine ești cu adevărat. Dacă erai o împătimită a cumpărăturilor înainte de a câștiga lozul cel mare, probabil că vei deveni și mai și.

Motivul pentru care atât de mulți câștigători la loterie nu își pot păstra câștigul este pentru că nu au ajuns încă să poată administra sume mari de bani.

Ei aruncă banii pe un stil de viață extravagant, maşini strălucitoare, investiții neinspirate și condiții de divorț.

Nu e de mirare că nu ajung să fie fericiți.

Alege să fii fericit acum. Obişnuiești să pui fericirea să aştepte, amânând-o pentru o dată viitoare?

Vrei să jucăm un joc?

Se numeşte CÂND-ATUNCI.

Când mă voi pensiona, atunci voi fi fericită.

Când voi întâlni bărbatul potrivit, atunci mă voi aşeza la casa mea și voi fi fericită.

Când voi demisiona, atunci voi avea timp de mine și de copilul meu și voi fi fericită.

Dar dacă fericirea nu este acolo? Gândurile, sentimentele, atitudinile noastre sunt într-o continuă schimbare. Nimic nu rămâne la fel.

Din această cauză, niciodată nu vom găsi fericirea în mod constant acolo.

Lucrurile care în trecut ne făceau fericite şi-au pierdut farmecul. Oamenii cu care aveam relaţii pline de satisfacţie acum ne dezamăgesc.

Serviciul despre care credeam că ne oferă atâtea bucurii acum nu ne mai atrage.

Găsim fericirea în lucrurile simple ale vieţii: atunci când ne bucurăm de frumuseţea naturii, de căldura soarelui pe corp sau de plimbarea pe plajă, când apa ne mângâie încet picioarele.

Poate fi atunci când câştigăm un premiu la sport, sentimentul de satisfacţie pentru o muncă făcută bine sau pur şi simplu atunci când ţii de mână pe cine iubeşti.

Lucrurile mărunte te țin la suprafață
și te ajută să supraviețuiești.

Dr. Lykken

Sunt multe moduri de a găsi fericirea în lucruri obişnuite, cotidiene. Trebuie să fim mai conştienţi de prezenţa lor. Uneori, credem că fericirea înseamnă chicoteală şi distracţie.

Reţetele pentru fericire spun să îţi umpli ziua cu lucruri şi să trăieşti cu adevărat.

O persoană fericită nu este cineva într-un anumit set de circumstanţe, ci mai degrabă cineva cu un anumit set de aptitudini.

Ştiu cum este. În adolescenţă, viaţa îmi părea o luptă continuă. Simţeam că trebuia să am tot timpul pumnii ridicaţi, pregătiţi pentru următoarea bătălie. Optimismul nu făcea parte din procesul meu de gândire.

Credeam în legile lui Murphy: ceva rău trebuia să se întâmple şi, de obicei, chiar aşa era. Îi priveam cu scepticism pe cei cu gândire pozitivă.

Când lucrurile se întâmplau aşa cum voiau ei, credeam că erau pur şi simplu norocoşi.

Apoi, treptat, sub influenţa pozitivă a unor persoane speciale din viaţa mea, am început să îmi dau seama că se putea trăi şi altfel. Când apăreau provocări, era mai bine să fiu optimistă şi să mă concentrez pe soluţii.

Dacă aş fi avut modul meu vechi de gândire, aş fi căzut pradă pesimismului, învinovăţind pe toată lumea şi lamentându-mă pentru ceea ce mi se întâmplă.

Treptat, am luat decizia conştientă de a fi mai fericită şi de a avea o perspectivă mai optimistă. Nu a fost uşor. A fost nevoie de multă disciplină mentală pentru a-mi schimba punctul de vedere.

Unul dintre motivele pentru care ne luptăm să găsim fericirea apare din cauza părerilor noastre limitate. O parte din tine crede că totul este prea frumos să fie adevărat?

Spui vreodată lucruri precum:

Pur şi simplu ştiam că nu va dura.

Întotdeauna trag băţul cu capătul cel mai scurt.

Nu merit să fiu fericită.

Dezvoltă-ţi muşchiul optimismului.

Optimiştii privesc lumea şi văd aceleaşi lucruri ca şi pesimiştii, dar reacţia lor este diferită.

Optimistul admiră peisajul minunat de munte prin fereastra bucătăriei, în timp ce pesimistul vede urmele de degete de pe geam.

Optimistul ia în calcul posibilitățile în cadrul unui proiect, în vreme ce pesimistul spune tot timpul că este sortit eșecului.

Pentru a deveni mai fericit, pesimistul trebuie să elimine modelele de autocombatere. Aceasta necesită mai mult decât o gândire pozitivă.

Expresiile uzate precum „Totul va fi bine" sau „Nu-ți face griji, fii fericită" nu sunt suficiente.

Este nevoie de dedicare și de o nouă atitudine. Pesimismul este un obicei prost, iar obiceiurile proaste dispar greu. După cum am văzut, unele dintre obiceiurile cel mai greu de eliminat sunt grijile, sentimentul de vinovăție și resentimentele.

Este mai probabil ca femeile care simt că au controlul asupra propriilor vieți să fie mai optimiste și, de obicei, sunt mai fericite.

CONCLUZII

- ✓ Adevăratul succes este atins atunci când îți place ce faci. Nimeni nu poate reuși în niciun domeniu dacă nu îi e pe plac. Dacă nu îți place ce faci, atunci mai bine încetează. Șansele tale de succes sunt direct proporționale cu gradul de plăcere de care ai parte ca urmare a ceea ce faci.
- ✓ Fă ceva pentru care ai petrece cu plăcere 12-15 ore muncind și restul timpului gândindu-te la acel ceva. Nu stabili compensația ca obiectiv. Găsește o muncă pe care o îndrăgești și beneficiile vor urma. Munca nu este pedeapsa ta. Este recompensă, este puterea și plăcerea ta. Atunci când vocația ta devine vacanța ta, nu vei mai lucra nici o altă zi în viața ta.

- ✓ Nu te mulţumi cu o viaţă plictisitoare şi mediocră când tu te-ai născut pentru MĂREȚIE. Nu trăi printre pui dacă tu te-ai născut cu toate capacităţile şi înzestrările unui VULTUR!
- ✓ Obiceiurile bune produc rezultate mai bune.
- ✓ Nu poţi planifica o viaţă mai bună gândindu-te pe fugă. Ştiu că probabil ai multe de făcut, dar este o problemă serioasă şi necesită timp fără întrerupere, un carneţel pentru notiţe şi 100% concentrare.
- ✓ Toată lumea a fost binecuvântată cu talente şi cu abilităţi speciale. O parte importantă din viaţa noastră o reprezintă descoperirea acestora.
- ✓ Atunci când faci ceea ce îţi place, vei simţi nu doar o senzaţie de bucurie şi de împlinire, ci şi un flux liber de energie. Să faci ceea ce îţi place cel mai mult este o parte esenţială din a detecta sursele tale de energie şi de revigorare. Acesta este procesul prin care îţi cauţi adevărata identitate.
- ✓ Găsim fericirea în lucrurile simple ale vieţii; atunci când ne bucurăm de frumuseţea naturii, de căldura soarelui pe corp sau de plimbarea pe plajă, când apa ne mângâie încet picioarele. Poate fi atunci când câştigăm un premiu la sport, sentimentul de satisfacţie pentru o muncă bine făcută sau pur şi simplu atunci când ţii de mână pe cine iubeşti. „Lucrurile mărunte te ţin la suprafaţă şi te ajută să supravieţuieşti", spune Dr. Lykken.

PAŞI DE ACŢIUNE

15 întrebări ca să-ţi descoperi MISIUNEA pe acest Pământ

În continuare ai o listă de întrebări care te vor ajuta să-ţi descoperi scopul în viaţă. Acestea reprezintă un ghid ce te va aduce în starea mentală propice pentru aflarea misiunii tale pe pământ.

Câteva instrucţiuni simple:

Ţine la îndemână un pix şi o hârtie.

Găseşte un loc unde nu vei fi deranjată; închide-ţi telefonul.

Notează răspunsurile la fiecare întrebare.

Scrie primul lucru care îţi vine în minte, fără să-l editezi în vreun fel.

Este important să-ţi scrii răspunsurile, în loc doar să te gândeşti la ele.

Scrie repede. Alocă cel mult 60 de secunde pentru fiecare întrebare. De preferat, mai puţin de 30 de secunde.

Fii sinceră. Nimeni nu va citi. Este important să scrii fără să modifici ceva.

Bucură-te de moment şi zâmbeşte în timp ce scrii.

Cele 15 întrebări:

1. Ce te face să zâmbeşti? (activităţi, persoane, evenimente, hobby-uri, proiecte etc.)
2. Ce îţi plăcea cel mai mult să faci în trecut? Dar acum?
3. Ce activităţi te fac să uiţi cum trece timpul?
4. Ce te face să te simţi bine?
5. Cine te inspiră cel mai mult? (cunoscut sau necunoscut, din familie, prieteni, autori, artişti

etc.) Ce calități ale acestei/acestor persoane te inspiră?

6. Ce talent nativ ai? (abilitate, dar etc.)
7. În ce domenii ți se cere ajutorul, de obicei?
8. Dacă ar fi să înveți pe cineva ceva, ce l-ai învăța?
9. Ce ți-ar părea rău să NU ai/fii/faci în viață?
10. Ai 90 de ani, stai într-un balansoar pe verandă, simți mângâierea ușoară a vântului. Ești liniștită și fericită, ești mulțumită de viața minunată cu care ai fost binecuvântată. Te gândești la tot ce ai obținut și realizat, la relațiile pe care le-ai construit. Ce contează cel mai mult pentru tine? Fă o listă.
11. Care sunt valorile tale? Selectează 3-6 cuvinte și ordonează-le în funcție de importanța pe care o au pentru tine.
12. Ce obstacole, provocări, dificultăți ai depășit sau ești pe cale să depășești? Cum ai reușit?
13. În ce crezi cu toată ființa ta? Care sunt cauzele care înseamnă ceva pentru tine?
14. Dacă ai putea transmite un mesaj unui grup mare de oameni, cine ar fi acești oameni? Care ar fi mesajul tău pentru ei?
15. Gândindu-te la talentele, pasiunile și valorile tale, cum ai putea folosi aceste resurse ca să ajuți? (oameni, alte ființe, cauze, organizații, mediul, planeta etc.)

Misiunea ta personală

Să te gândești sau să îți scrii misiunea personală este o experiență care te schimbă, deoarece ești obligat să-ți revizuiești prioritățile cu grijă și să-ți aliniezi comportamentul cu valorile în care crezi.

Stephen Covey, *7 obiceiuri ale oamenilor eficienți*

Misiunea personală are 3 părţi:

1. Ce vreau să fac?
2. Pe cine vreau să ajut?
3. Care este rezultatul? Ce lucru de valoare voi crea?

Paşi spre descoperirea misiunii personale:

1. Fă exerciţiul cu cele 15 întrebări cât mai repede cu putinţă.
2. Scrie câteva cuvinte de acţiune care te reprezintă Exemple: a educa, a realiza, a încuraja, a îmbunătăţi, a ajuta, a da, a ghida, a inspira, a integra, a stăpâni, a motiva, a organiza, a produce, a promova, a călători, a împărtăşi, a satisface, a înţelege, a învăţa, a scrie etc.
3. Pe baza răspunsurilor la cele 15 întrebări, fă o listă cu tot ce crezi că poţi îmbunătăţi şi cu persoanele pe care crezi că le poţi ajuta. Exemple: oameni, fiinţe, organizaţii, cauze, grupuri, mediul etc.
4. Identifică-te cu ţelul tău. Cum vor beneficia cei din răspunsul precedent de ceea ce vei face tu?
5. Combină paşii 2-4.

EPILOG

Te trezești dimineața sub impulsul pasiunii lucrului pe care îl faci sau este pur și simplu faptul că facturile trebuie plătite?

Cu toții avem nevoie de pasiune în viață. Am cunoscut multe femei care au renunțat la visurile și la aspirațiile lor pentru a fi pe plac celorlalți. Fac ceea ce cred că trebuie făcut, ceea ce cred că se așteaptă din partea lor.

Cu siguranță că există momente în viața unei femei când poate alege să își sacrifice visurile și ambițiile sau să le amâne pentru a avea grijă de familie sau de un părinte în vârstă.

S-ar putea ca acestea să fie soluții practice și necesare în acel moment.

Dar cât de mult să aștepți?

Ca femeie, este ușor să îți amâni idealurile pentru mai târziu. Multe femei ajung în punctul în care simt că nu trăiesc viața pe care și-au imaginat-o sau cred că viața lor ar fi mai bună.

Trebuie să suporte un serviciu sau niște situații care nu le fac plăcere, luptându-se cu ele în fiecare săptămână, detestând ideea zilei de luni.

Unele așteaptă prea mult. Ele simt că, atunci când nu mai știu care le erau visurile, este prea târziu să mai facă ceva.

Îşi spun că sunt prea bătrâne pentru a se întoarce la şcoală sau caută o mulţime de scuze atunci când nu pot renunţa la rutină. Dar, în cea mai mare parte, aceasta se întâmplă pentru că le este teamă.

Dacă te simţi tristă, gândeşte-te la ce te bucura cel mai mult în trecut şi fă acel lucru din nou. Râzi mai mult. Suntem atât de adâncite în obligaţiile noastre, încât devenim plictisitoare.

Femeile se concentrează foarte mult asupra foarte multor lucruri neimportante. Doar atunci când te vei concentra pe ceea ce este cu adevărat important pentru tine vei avea şi rezultate.

N-ar fi minunat să descoperim aceasta cât timp suntem mai tinere? O mulţime de oameni ar ajunge să aibă mai puţine regrete.

Eu cred că fericirea este greu de sprijinit. De fapt, nu aş vrea să fiu fericită tot timpul. Am învăţat cele mai importante lecţii când eram nefericită.

Totuşi, ai grijă, deoarece nefericirea poate fi uşor întreţinută. Poate colora tot ce faci.

Relaţiile sunt foarte importante.

În alte relaţii, uneori este important să renunţi tu. Am descoperit o libertate nouă atunci când am încetat să-i mai salvez pe alţii care nu voiau să fie salvaţi.

Învaţă să îţi exprimi sentimentele adevărate, chiar şi atunci când ceilalţi nu sunt de acord.

Renunţă la sentimentul de vinovăţie. Este în regulă dacă, din când în când, te pui pe tine pe primul loc.

Nu te pierde pe drum dedicându-te altcuiva. De asemenea, atunci când îţi cumperi ceva cu adevărat drăguţ, foloseşte-l! Nu îl păstra pentru ocazii speciale. Dacă ai un set frumos din porţelan, bucură-te de el, nu-l încuia în vreun dulap.

Toate aceste lecţii au contribuit din plin la fericirea şi la starea mea de bine. În cele din urmă, rămâi tânără fiind activă.

Nu ai nevoie de o carieră strălucitoare sau interesantă şi nu trebuie să ai propria afacere pentru a pune pasiune în ceea ce faci.

Pasiunea vine din interiorul tău. Nu munca şi relaţiile îţi oferă pasiune, ci tu însăţi. Pasiunea este ca o flacără în interior, care trebuie aprinsă.

Femeile care trăiesc din plin îşi savurează viaţa. Au o vitalitate şi o vibraţie a existenţei şi duc vieţi reale.

Întreabă-te: ce mă pasionează? Dacă răspunsul tău este nimic, probabil că indiferenţa şi apatia au pătruns în viaţa ta şi este timpul să faci curăţenia de primăvară.

Pasiunea este deja în tine, tot ce trebuie să faci este să aprinzi focul. Nu este niciodată prea târziu.

Cum să te conving că merită, în ciuda temerilor şi a riscurilor?

Tot ce pot să-ţi spun, din proprie experienţă şi din experienţa altora, este pur şi simplu să mergi mai departe. Simte teama, şi totuşi mergi mai departe. Crezi că mie nu îmi era frică? Ohooo... câtă frică mi-a fost când am luat-o pe un alt drum, când am schimbat oraşul, apoi când mi-am dat demisia şi am început pe cont propriu, apoi când am început să scriu această carte...

Şi acum încă mi-e frică! Dar a merge mai departe, dacă eşti curajos, nu înseamnă că nu simţi frică... că nu simt frica... ci o înfrunt!

Trăieşte-ţi viaţa fără regrete! Fii fericită, ca să te poţi bucura de adevărata ta identitate! Nu te subestima.

Eşti o femeie extraordinară, cu diverse activităţi, cu o viaţă agitată, complexă, care necesită foarte multe calităţi.

Respectă talentele pe care le-ai dezvoltat de-a lungul vieţii, de la a administra o familie şi a-i educa pe copii la mersul la serviciu, organizarea programelor şi administrarea banilor.

Există şanse să ai deja tot ce îţi trebuie pentru a-ţi urma visurile. Ai planul ascuns adânc în suflet. Găseşte-l şi reaprinde pasiunea de a trăi. Începe odată, ia măsuri.

Un vas pe mare îşi poate schimba total cursul doar cu o întoarcere a direcţiei de două grade. Şi tu poţi schimba cursul vieţii tale făcând simple modificări.

Indiferent în ce situaţii te afli acum, să ştii un lucru: dacă vrei, poţi schimba ceea ce nu îţi place. Poţi începe o nouă călătorie.

„Sună minunat, dar pare copleşitor", ai putea spune. „Cum încep?"

Iată un mod simplu de a începe.

CEI MAI IMPORTANŢI 3 PAŞI DIN VIAŢA TA

Marele avantaj al metodei „Trei paşi fără să greşeşti" este că nu trebuie să ştii exact încotro te îndrepţi pentru ca asta să funcţioneze.

Este ca şi cum ai trece un pod, nu trebuie să vezi capătul celălalt încă. Te uiţi doar la primii trei paşi. Aceștia te vor duce suficient de departe, încât să vezi următorii trei paşi.

Iată prima sarcină: Fă o listă cu trei lucruri pe care le poţi face într-o săptămână şi care te vor duce mai aproape de locul în care vrei să ajungi.

Există o singură indicaţie pentru alegerea paşilor. Fiecare pas trebuie să fie ceva pe care nu ai cum să nu-l faci în decursul unei săptămâni. Cu fiecare pas, îţi vei consolida încrederea.

În curând vei începe să crezi că ai capacitatea de a-ţi transforma visurile în realitate, dacă iei lucrurile câte unul pe rând. Concentrează-te pe progresul făcut în fiecare săptămână, şi nu pe scopul final.

Dacă mă întrebi ce am de făcut în lumea asta, îţi spun că sunt aici pentru a trăi la maximum.

După ce începi acest proces, vei începe să înţelegi că niciunul dintre aceşti paşi nu trebuie să fie lucrul perfect care să îţi împlinească visul.

Fiecare pas pur şi simplu te trece podul. Nu toţi paşii vor produce miracole. Unii dintre ei îţi vor da impresia că te-ai împotmolit în noroi! Totuşi, continuă să avansezi.

Dacă rămâi concentrată, peste un an te vei mira de tot ce ai realizat. Începe şi... succes!

Un alt lucru important este să ai o echipă care te sprijină mult. Familia, prietenii, mentorii mei, echipa mea, femeile din comunitatea femeiadesucces.ro, toţi m-au susţinut şi m-au impulsionat.

Pentru a ajunge în vârf, în orice domeniu din viaţă, ai nevoie de impulsionare, de intensitate şi de încredere în tine. Eu a trebuit să lucrez mai mult asupra încrederii. Pentru a mă concentra mai bine, folosesc anumite cuvinte în diferite momente ale cursei.

Înainte de semnalul de început, aceste cuvinte sunt: „Dă tot ce poţi." Pe ultima sută de metri, îmi spun: „Atunci când ai obiective mari, viaţa este o mare provocare. Este în regulă să recunoşti că e greu, în loc să negi realitatea."

Sfatul meu pentru alte femei este să fie mândre la sfârşitul fiecărei zile ştiind că au făcut tot ce le stătea în putinţă, chiar dacă nu au realizat totul.

Ce este mai important pentru tine: succesul profesional sau semnificaţia lucrurilor pe care le faci?

Pentru mine, semnificația este mai importantă. Succesul se reflectă în contul din bancă, dar o muncă plină de semnificații și de sens îmi recompensează spiritul. Știu că va veni și succesul în timp ce îi ajut pe ceilalți, făcând o muncă ce îmi place.

Ai mai auzit această propoziție înainte: „Fă ce-ţi place şi banii vor apărea." Este adevărat.

Unul dintre secretele de a avea o viață împlinită este să îți redirecționezi concentrarea de la obținerea succesului material la a fi de ajutor celorlalți. Există multe ocazii de a face asta ca profesor, mamă, doctor, om de afaceri, ospătar în bar, orice.

Martin Luther King Jr. spunea: „Oricine poate fi mare, deoarece oricine își poate ajuta semenii. Nu ai nevoie de o diplomă de facultate pentru a face asta. Nu trebuie să îi știi pe Platon și pe Aristotel sau Teoria relativității a lui Einstein. Tot ce îți trebuie este o inimă plină de har și un suflet încărcat de iubire."

Dacă te bucuri de o viață plină de semnificație și succes, te vei trezi dimineața bucuroasă că mergi la serviciu. Este munca pe care o iubești și de care ești pasionată, capacitatea ei este mult mai mare decât ești tu.

Pe măsură ce ai tot mai multă credință, ai și încrederea că știi că nu va fi mai mult decât poți duce.

Viața îți va testa capacitățile.

Te-ai gândit care ar putea fi scopul vieții tale? Este moștenirea ta, chemarea vieții tale și, de fapt, motivul pentru care trăiești pe acest pământ.

Gândește-te cine ești, cu darurile tale, talentele tale unice și personalitatea ta și pune-le în slujba pasiunii care te conduce. Aceasta este temelia scopului tău în viață.

Nu intra în panică dacă nu ți-ai descoperit încă vocația. Poate că încă nu ești pregătită. Fie nu este momentul, fie ai fost distrasă de alte lucruri. Fii sigură că există un plan pentru viața ta. Trebuie doar să îl cauți și el te va găsi.

CUM ÎMI GĂSESC SCOPUL ÎN VIAȚĂ?

Este o întrebare care-mi e adesea adresată.

Iată ce a funcționat în cazul meu. Ştii când apa unui lac este perfect calmă şi poţi vedea până pe fundul lui?

Trebuie să găseşti acea limpezime şi în tine.

Găseşte-ţi liniştea.

Acordă-ţi timp pentru reflectare şi meditaţie. Este esenţial dacă eşti în căutarea limpezimii în orice domeniu din viaţă şi, cu atât mai mult, dacă îţi cauţi chemarea. Căutarea scopului este, de fapt, căutarea spiritului. Roagă-te şi cere ajutor.

Ai grijă. Ascultă-ţi intuiţia şi credinţa. Spiritul tău ştie deja care este scopul vieţii tale şi vrea ca tu să îl împlineşti. Fii atentă la coincidenţe: acele telefoane care vin din senin. Notează-ți răspunsurile la aceste întrebări:

Ce mă pasionează?

Cum vreau ca lumea să îşi amintească de mine?

Ce moştenire vreau să las în urmă? Gândeşte-te să îţi scrii propriul necrolog, pentru a-ţi clarifica şi mai mult mintea. Ce vrei ca prietenii şi familia să spună despre tine atunci când vei muri?

Călătoria noastră împreună a ajuns la final. Dar oare acesta să fie finalul pentru tine sau un nou început?

După ce închizi cartea, gândeşte-te la viitor.

CARE ESTE PASUL URMĂTOR?

Nu este suficient să speri că lucrurile se vor schimba, să îţi doreşti doar să se întâmple ceva. Pentru ca schimbările să se producă, ai nevoie de claritate, dedicaţie şi acţiuni concentrate.

Viața poate fi irosită cu ușurință prin activitățile cotidiene, dar are potențialul de a fi mult, mult mai mult.

Dacă te hotărăști să urmezi viața pe care ți-o dorești cu adevărat, fă din această carte ghidul de referință.

Aceasta te va ajuta să îți clarifici ceea ce vrei, ce ai vrea să schimbi și unde vrei să mergi de aici încolo.

Pentru acest proiect a fost nevoie de dedicație și de concentrare din partea mea.

Au fost momente când eram foarte emoționată scriind despre călătoria mea și au fost momente când această sarcină a necesitat mult mai mult decât voiam eu să dau.

Ar fi fost mai ușor să renunț și să mă ascund iarăși sub pătura de siguranță, acea zonă de confort care mă împiedica să mă întind și să îmi asum riscuri.

Din fericire, spiritul nu mi-a dat voie. Tot ce îți dorești necesită efort: îndeplinirea visurilor, îmbogățirea vieții tale de familie, vindecarea relațiilor.

Renunță la iluzia că viața ar trebui să fie ușoară. Adevărul este că viața e grea. Pentru a trece peste provocările ei trebuie să îți exersezi și să îți dezvolți mușchii care produc tenacitate, pasiune și perseverență.

Fii atentă ce urmărești, altfel poți ajunge să fii controlată de stilul tău de viață sau îngropată sub o avalanșă de datorii. Este mult mai bine să trăiești o viață echilibrată, fundamentată pe cele mai importante valori ale tale. Acesta este secretul de a trăi bucuria și sensul vieții tale în fiecare zi.

Fii blândă cu tine însăți. Învinge vocea spiritului autocritic. Acceptă cine ești cu dragoste și compasiune, ca să îi poți iubi și pe alții.

Amintește-ți de fetița care ai fost. Și ea merită să fie iubită și acceptată. Joacă-te. Îndepărtează-ți măștile, eliberează-ți adevărata identitate și te vei simți puternică.

Stabilește limite personale, care să îi învețe pe ceilalți cum să te trateze cu respectul și cu dragostea pe care le meriți. Începe să îți iei înapoi viața, învață să spui nu.

Este nevoie de timp și de perseverență pentru asta, așa că ai răbdare. Mergi înainte, măsoară-ți progresul și concentrează-te pe următorii trei pași.

Nu poți merge înainte dacă te uiți deja în urmă. Desprinde-te de problemele din trecut și vindecă ce este stricat. De dragul sănătății și al relațiilor pe care le ai, eliberează-te de furia pe care ai acumulat-o.

Învață să ierți.

Mă rog să ai și tu binecuvântări și momente „magice" când începi următorul capitol al vieții tale. Folosește puterea concentrării ca să devii cea mai bună, zi după zi.

Înaintează cu curaj și credința în călătoria pe care o întreprinzi.

Mai înainte de toate, începe să trăiești viața pe care ți-o dorești cu adevărat și, făcând astfel, oferă lumii un dar minunat: **pe tine însăți!**

BIBLIOGRAFIE

Cum m-am vindecat de nefericire, Gigi Ghinea, Editura IBU Publishing, 2011

Femeia bogată, Kim Kiyosaki, Editura Curtea Veche, 2011

Live, Laugh, Love Again, Michelle Borquez, Connie Wetzell, Rosalind Spinks-Seay, Carla Sue Nelson, Warner, 2006

Poți să-ți vindeci viața, Louise L. Hay, Editura Adevăr Divin, 2010

The Power of Focus for Women, Fran Hewitt, Les Hewitt, HCI, 2003

The Successful Single Mom, Corder Honorée, New Century Press, 2009

CUPRINS